MANIFESTE
POUR UNE MORT
DOUCE

ROLAND
JACCARD et MICHEL
THÉVOZ

MANIFESTE POUR UNE MORT DOUCE

BERNARD GRASSET

PARIS

« Il m'a toujours paru révoltant, je l'avoue, que l'homme, non content de tyranniser de tant de manières son semblable, prétende encore lui disputer le droit de s'affranchir de l'existence. »

ALPHONSE RABBE

« Jusqu'à présent, le suicide était l'honneur de l'homme : ce sera bientôt son devoir. »

E.M. CIORAN

L'idée de ce manifeste, nous la devons au psychanalyste viennois Bruno Bettelheim, qui fut proche de Freud, milita au sein d'organisations de gauche, connut les camps de concentration, s'exila aux États-Unis, où il fonda une école pour enfants psychotiques, et qui, finalement, se suicida dans des conditions atroces.

Bruno Bettelheim aimait à raconter une blague, plus amère que drôle. C'est l'histoire de deux juifs qui se rencontrent à Berlin et demandent des nouvelles d'un troisième. Le premier dit : « Il s'est jeté par la fenêtre parce que la Gestapo arrivait chez lui. » Et l'autre répond : « Ma foi, s'il avait trouvé le moyen d'améliorer sa situation.. »

Le 13 mars 1990, le jour anniversaire de l'Anschluss, c'est-à-dire de l'entrée des troupes allemandes sur le sol autrichien, Bruno Bettelheim « améliorait », lui aussi, sa situation : il était âgé de quatre-vingt-six ans, en excellente santé de surcroît, lorsqu'il s'auto-asphyxia en recouvrant sa tête d'un sac de plastique. Un de ses proches, David James Fischer, a raconté que le suicide était devenu une de ses préoccupations constantes ; il en parlait sans détour, son principal souci étant de s'y prendre correctement. « Pour la première fois de sa vie, dit Fischer, il se lamentait de ne pas avoir de formation médicale pour la connaissance qu'elle donne du corps, des drogues et de la mort. » Bettelheim songeait souvent à la mort sereine et stoïque de Freud. Il espérait trouver un médecin qui, comme celui du maître de Vienne, consentirait, quand il le lui demanderait, à lui administrer un cocktail létal ou à lui faire des piqûres de morphine. Ce ne fut pas le cas. Par une de ces ironies dont le destin a le secret, le seul qui lui ait promis son aide mourut peu avant lui d'une attaque cardiaque.

Comme Fischer lui demandait ce qu'il pensait de la vieillesse, Bruno Bettelheim répondit : « N'y arrivez surtout pas ! » On a beaucoup parlé à son sujet, comme à celui de Primo Levi — suicidé en 1987 — de la culpabilité des survivants aux camps de concentration. Rien ne guérit de telles blessures. Le suicide de Bettelheim doit aussi être compris comme une revendication d'autonomie : il ne voulait en aucun cas endurer une mort lente dépourvue de sens, dans un asile de vieillards. Il ne consentait pas à l'inévitable dégradation physique et psychique que le temps, cet autre bourreau, nous inflige. « Old viennese arrogance ! » disait-on à son propos. Dès lors qu'on prétend sauvegarder sa dignité, les hommes vous taxent d'arrogance, de présomption ou d'orgueil démesuré, comme si les multiples compromis qu'ils ont passés avec la vie sous ses formes les plus médiocres et les plus corrompues leur rendaient intolérable une attitude plus noble.

Bettelheim rappelait volontiers l'histoire tragique de cette jeune femme qu'un S.S. avait voulu faire danser nue avant d'entrer dans la chambre à gaz. Elle avait réussi à saisir son arme et l'avait abattu. Elle fut immédiatement fusillée. Bettelheim en parlait comme d'un acte de résistance exemplaire qui avait permis à cette femme de retrouver sa dignité et le respect d'elle-même. Le suicide de Bettelheim fut peut-être sa dernière « danse », son affirmation finale de lui-même comme homme et comme résistant. Ce qu'il nous enseigne, c'est qu'il n'y a pas de bonheur sans liberté et pas de liberté sans courage. A commencer par le courage d'affronter sa propre mort.

Nous lui dédions ce manifeste qui vise, d'une part, à étendre le champ de nos libertés individuelles contre l'emprise croissante de l'État thérapeutique, d'autre part, à revendiquer concrètement pour chacun le droit élémentaire, mais constamment bafoué, de prendre congé quand il le désire et comme il le désire d'une existence qui, pour des raisons qui ne regardent que lui, ne lui semble plus digne d'être vécue. Jusqu'à présent, les philosophes n'ont fait qu'interpréter le monde ; quand ils voulurent le transformer, les catastrophes qui s'ensuivirent furent à la mesure de leurs pauvres ambitions ; plus humblement et avec infiniment de compassion, il serait peut-être temps de songer qu'améliorer notre geôle est peut-être un devoir, mais qu'aider les hommes à s'en évader est certainement une tâche tout aussi nécessaire. On comprendra enfin qu'un ton polémique est le seul qui convienne à ce manifeste : face à l'abus de pouvoir que représente la rétention, par les professionnels de la santé et par l'État, des drogues qui permettent de mourir sereinement, il est temps de passer à l'offensive. Il ne s'agit plus de mendier auprès des médecins une aide en cas de détresse ou de solliciter leur bienveillance, mais d'exiger le respect de nos décisions. Rien n'est pire qu'une société qui traite les enfants comme des adultes, sinon une société qui traite les adultes comme des enfants. Cette société, c'est, hélas !, la nôtre.

« Tu mourras dans la douleur »

« Dr X, conseils sur la mort. Réception sur rendez-vous. » Imaginons ainsi le début du roman d'un Chesterton du XXe siècle. Le Dr X est à la tête d'un Club de Suicidologues. Lesquels diffèrent des groupuscules anarchistes et révolutionnaires en ceci qu'ils se soucient peu de l'avenir de la société, ne se rencontrent que dans un seul but : libérer la mort des deux commandements que toute société fait peser sur elle, le premier de ces commandements étant « Tu ne te tueras point » et le second « Tu mourras dans la douleur ».

C'est à un romancier japonais, Natsume Sōseki, que les Suicidologues ont emprunté leur profession de foi : « Dans dix mille ans, on pensera au suicide comme à la seule façon de mourir. » Sōseki prédit qu'alors, dans les universités, on enseignera la Suicidologie au lieu de la Morale. Dans dix mille ans ? Non ! Avant la fin du siècle ! Que ce millénaire s'achève sur la reconnaissance d'un droit fondamental : le droit à une mort volontaire *et* douce !

Nous vivons dans une civilisation qui obéit aux commandements et croit au martyre. Les Suicidologues, qui luttent pour la reconnaissance du droit à une mort douce, se heurtent à des adversaires de tous bords, y compris dans les rangs de ceux qui se disent partisans de la mort volontaire.

Il y a d'abord les juges. Ceux qui disent : la vie t'a été donnée, elle te sera retirée. Attends ton heure. Tu as été enfanté dans la douleur, tu as vécu dans la douleur, tu *dois* mourir dans la douleur. La vie est une valeur qui doit être jusqu'au bout respectée. Le plus surprenant pour les Suicidologues n'est pas de rencontrer des adversaires en la personne des juges. Ils comptent aussi des ennemis dans les rangs de ceux qui se disent extrémistes, terroristes, et qui ont de la vie et de la mort une vision d'un romantisme attardé. Ceux-là prônent la mort volontaire, pourvu qu'elle soit violente. Ceux-là plaident pour le suicide comme preuve d'insoumission. Chaque époque, disent-ils, exige, pour ne pas dépérir, son « quota de violence », son charter de suicidés ensanglantés.

D'un côté les juges, de l'autre les martyrs. D'un côté l'idéal sadique, de l'autre l'idéal masochiste. Et cependant, les deux camps se rejoignent dans l'éloge de l'héroïsme. Les juges disent : l'héroïsme consiste à endurer cette vie jusqu'au bout. C'est le bon citoyen, bon père, bon mari, bon mort, qui, une nouvelle fois, prend des galons. Les martyrs, quant à eux, sont les adeptes du coup de pistolet rageur. Ne les exalte que l'héroïsme d'une mort violente.

Pour répondre à l'argument de l'héroïsme, les Suicidologues ont, à leur tour, fait appel à l'héroïsme, en convoquant écrivains et hommes illustres, le suicide des Romains étant le plus flatteur de tous les exemples. Mais ils se rendent compte vite que celui qui se donne la mort n'est pas toujours un homme jeune, viril, stoïque, qui affronte la mort comme on terrasse l'ennemi. Les Suicidologues savent qu'ils doivent regarder la réalité en face.

Le temps des troglodytes

La réalité montre une vieille femme, ni cancéreuse, ni sénile, qui enjambe la balustrade du balcon de son appartement. La réalité montre un peintre qui se jette de la fenêtre de sa chambre d'hôpital pour aller s'écraser vingt mètres plus bas, alors même qu'il aurait dû avoir la possibilité de demander qu'on lui procure de quoi mourir dans son lit.

La réalité, c'est Pavese qui l'a résumée en quelques mots. Le suicide n'a rien à voir avec l'héroïsme. Pour se donner le courage de passer à l'acte, Pavese se répétait dans son journal : « De pauvres petites femmes l'ont fait ». Et pourquoi ces pauvres petites femmes que nous sommes *tous* au moment de mourir n'ont-elles pas le droit d'avoir une mort volontaire et cependant douce ? Pourquoi faut-il, pour satisfaire le voyeurisme morbide des juges, cet attirail de faits divers que Jacques Rigaut a dénoncé à sa manière en proposant la création d'une Agence générale du Suicide, mise au service de ceux qui craignent de se rater, et qui propose ainsi ses tarifs : « Électrocution, 200 F ; Revolver, 100 F ; Poison, 100 F ; Noyade, 50 F ; Mort parfumée (taxe de luxe comprise), 500 F ; pendaison, suicide pour pauvres, 5 F. »

Qu'est-ce qu'une société qui gave chaque individu de « machines à communiquer », d'outils dernier cri et qui, face à la décision ultime, face au moment le plus grave de son existence, le laisse aussi démuni qu'un troglodyte ?

Qu'est-ce qu'une société où, celui-là même qu'on met en demeure toute sa vie de prendre ses responsabilités, est traité comme un lâche, un enfant, quand il réclame son droit à une mort douce ?

Qu'est-ce qu'une société où, sous couvert d'éthique médicale, on se livre sur des êtres humains à des tortures connues sous le nom d'acharnement thérapeutique ?

Qu'est-ce qu'une société qui demande, insatiable, sa dose de faits divers, de sang répandu, de corps mutilés, comme si la mort devait toujours être le sacrifice à une puissance tutélaire, comme si celui qui se donne la mort dans son lit était coupable d'*hybris*. Comme s'il fallait mourir à l'heure dite, avec l'assentiment de son dieu. Comme si celui qui veut mourir avant l'heure devait verser son sang, payer son tribut.

Qu'on veuille bien parler bas, il y a un mourant dans la chambre. Le mourant, ce n'est pas seulement l'homme qu'on laisse mourir comme un paria, comme un légume, mais aussi la civilisation occidentale, qui refuse de donner à l'homme des moyens *civilisés* pour mettre fin à son calvaire.

Ouvrons Raymond Carver, quelques pages d'une nouvelle intitulée *Débranchés*. Une histoire de téléphone qui n'a pas été débranché pendant la nuit, une inconnue qui appelle à trois heures du matin. Le couple, arraché du sommeil, ne parvient plus à se rendormir, se met à parler de choses et d'autres, de la vie en général et de la mort en particulier. A partir d'une histoire de téléphone qu'il faut débrancher la nuit, la conversation glisse tout naturellement vers les histoires de malades qu'il faut *débrancher*. L'histoire d'un homme qui s'introduit avec un fusil dans le service de réanimation d'un hôpital pour obliger les infirmières à débrancher la machine qui maintient son père en vie.

Ou l'histoire de cette tétraplégique qui supplie son médecin de la débrancher, ou au moins de la laisser mourir de faim. Il ne veut rien entendre. Le seul moyen qu'elle ait trouvé pour obliger l'hôpital à la laisser mourir, c'est de lui intenter un procès...

L'homme aux trois flacons

Revenons à notre « Dr X, conseils sur la mort ». Il aurait pu s'appeler Jack Kevorkian. Depuis juin 1990, le Dr Kevorkian apparaît comme le charlatan des morgues, le vampire du boulevard des allongés. Il est l'inventeur d'une « machine à se suicider ». Le principe est simple : trois flacons à perfusion — une solution saline pour ouvrir les veines, une bouteille de penthotal pour anesthésier le patient, une de potassium qui bloque le cœur. Le médecin injecte la solution saline, mais c'est au patient d'appuyer sur un interrupteur qui libère les deux autres produits. La mort intervient au bout de cinq minutes. Le Dr Kevorkian est pathologiste à la retraite ; il a placé sa machine à se suicider dans une camionnette et il aide des malades à mourir.

Quand, en juin 1990, l'affaire Kevorkian éclate, on en fait aussitôt un personnage de roman gothique, obsédé par la mort, licencié d'un hôpital pour avoir transfusé du sang de cadavre. On le décrit vivant dans un appartement sordide, passant des heures, dans une bibliothèque publique, à lire toute la littérature médicale sur la mort et l'euthanasie. Le Dr Kevorkian est-il criminel parce qu'il a aidé des malades à mettre fin à leurs souffrances ? Comment une société dite civilisée peut-elle expliquer que des malades, au « stade terminal », comme aiment à dire les médecins, n'aient trouvé, pour les aider à mourir, que cet homme accusé d'être un charlatan ?

Ce qui se devine à travers le portrait qui

nous est fait du Dr Kevorkian, c'est la peur irrationnelle qu'il inspire. Sang de cadavre, littérature sur la mort : le Dr Kevorkian est un *hérétique,* sa biographie des pages arrachées du Livre de Satan. Celui qui donne des conseils sur la mort transgresse un interdit religieux. A l'aube du XXIᵉ siècle, le monde est encore et toujours dominé par le religieux.

La religion a pris d'autres masques, s'est munie d'une nouvelle panoplie d'armes. Elle sait qu'elle ne peut survivre sans donner à l'homme une petite illusion de sa liberté, elle ne peut survivre si elle continue à écraser l'humain sous le poids d'un Dieu primitif. Les religieux sont menacés par les missionnaires d'une religion profane : les droits de l'homme. Les droits de l'homme sont en passe de devenir une religion planétaire, la seule qui mobilise des foules, ébranle les gouvernements. Pour les religieux, il a fallu trouver une parade, un slogan inédit susceptible d'entraîner les fidèles. Désormais, tu n'honoreras pas seulement ton Dieu, tu honoreras aussi La Vie. La Vie est la nouvelle divinité qu'il faut déifier. La

Vie à n'importe quel prix, sous n'importe quelle forme. La Vie et non pas l'humain. En novembre 1991, alors que la Californie s'apprête à voter la légalisation de l'euthanasie, les groupes religieux lancent une coûteuse campagne contre l'entrée en vigueur de cette mesure. Avant cette campagne, la majorité des électeurs se déclarait favorable à la légalisation de l'euthanasie ; à l'issue du scrutin, ce sont les groupes religieux qui l'emportent.

L'inégalité devant la mort

Ceux qui revendiquent le droit de se donner la mort et de disposer des moyens *ad hoc* sont aussi ceux qui, le moment venu, quand la mort les menace, s'accrochent le plus frénétiquement à la vie : tel est l'argument triomphal des contempteurs du suicide. Ce doit être vrai. Il n'y aurait pas d'acharnement thérapeutique sans l'acharnement pathétique de ceux qui ont été pris de court par la sollicitude médicale. Dans la situation actuelle, l'individu qui entend gouverner jusqu'au bout sa propre vie doit prendre ses dispositions bien à l'avance. Il ne devra pas laisser passer le moment décisif où, ses forces physiques et mentales déclinant, il ne sera plus capable de résister à la pression de l'entourage, à l'autorité des médecins ou à ses propres réflexes les plus régressifs.

Si vis pacem, para mortem : vingt ans avant sa mort, Sigmund Freud avait passé un contrat avec son ami et médecin Max Schur pour abréger sa vie en cas de souffrance. Bruno Bettelheim avait pris des dispositions semblables, disions-nous, mais son médecin est mort juste avant lui. On pourrait citer d'autres cas de médecins, d'écrivains ou d'artistes qui ont pu compter sur l'amitié ou sur la confraternité de spécialistes habilités à leur prescrire les médicaments adéquats sans trop s'exposer aux rigueurs de la loi. Mais les gens du commun n'ont pas cette ressource. D'autant que, dans les milieux populaires, le suicide est encore considéré avec pitié ou indignation comme un péché, comme un crime ou comme un geste désespéré. On peut lui appliquer ce que Jean-Louis Bory disait de l'homosexualité : elle n'est vivable que dans un milieu social assez cultivé pour être affranchi des préjugés de cette nature. Même les fonctions qui paraissent aussi élémentaires et anthropologiques que la sexualité ou la mort sont affectées par les inégalités sociales. Le choix du moment et des conditions de sa propre fin reste un privilège qu'il conviendrait de démocratiser.

Huis clos

En mars 1990, une femme de quatre-vingt-treize ans s'est immolée par le feu dans une rue de Lausanne. Les journalistes se sont étonnés qu'elle n'ait laissé aucun manifeste politique, religieux ou humanitaire, comme c'est le cas en pareille circonstance. Les voisins, qui ne lui connaissaient aucune préoccupation de cet ordre, l'ont décrite comme une personne peu communicative, un peu fruste, et souffrant de la solitude. Somme toute, elle ne s'est pas immolée à proprement parler, ce qui eût impliqué une idée de sacrifice rituel ou de profession de foi ; elle s'est seulement suicidée avec un bidon d'essence parce que c'est tout ce qu'elle avait trouvé, dans l'impossibilité où elle était de se faire prescrire une ordonnance pour des barbituriques. Telle est la peine infligée aux individus qui prétendent disposer d'eux-mêmes. Avons-nous beaucoup évolué depuis le temps où l'on brûlait les sorcières ? Après tout, l'acte de cette femme était en lui-même un manifeste contre une certaine forme d'intolérance et d'intégrisme « humaniste ».

L'État et ses services médicaux n'aiment pas les suicides : c'est une manifestation de désaffection sociale, une rupture de ban, un acte d'incivisme, une insubordination. L'État thérapeutique ne peut pas d'un côté répondre à la demande de surveillance, d'assistance et de sollicitude de ses administrés, et tolérer d'un autre côté qu'on se soustraie de son propre chef à cette tutelle. Donner c'est donner : dès lors qu'on s'est confié corps et âme aux services de l'État, on discrédite celui-ci en lui faussant compagnie. A l'instar des pays totalitaires qui se gardaient de faire état de l'émigration clandestine, l'État veille à ce que les médias ne fassent que rarement allusion aux suicides.

En principe, pourtant, la loi autorise le suicide, et même parfois l'assistance au suicide. Mais, dans les faits, nul ne peut se donner la mort par des moyens chimiques sans avoir obtenu de son médecin la précieuse ordonnance, par des pressions amicales, par la corruption ou par la ruse. Les recettes d'autodélivrance publiées avec les meilleures intentions du monde par les associations telles qu'Exit (Association pour le droit à mourir dans la dignité) sont utiles surtout aux services médicaux de l'État, qui les épluchent diligemment pour interdire au fur et à mesure les médicaments dont on pourrait se servir à des fins suicidaires. Il est beaucoup plus facile aujourd'hui de se procurer un sachet d'héroïne qu'un médicament de cette nature. L'État interdit l'un et l'autre, mais il faut croire qu'il est sélectif dans ses prohibitions et qu'il ne les applique vraiment qu'aux produits chimiques qui sont nuisibles à son autorité...

Les déserteurs

A l'opposé de la mort douce, il y a celle — emblématique — du Christ et des martyrs de toutes les religions et de toutes les causes, des plus nobles aux plus futiles : on peut s'immoler par le feu pour protester contre la tyrannie comme on peut se tirer une balle dans la tête pour avoir perdu un match de football. Sans doute est-il vain de vouloir tracer une ligne de partage entre les suicides raisonnables et ceux que nous jugeons absurdes : à chacun d'établir une échelle des valeurs, en se gardant d'oublier que les plus bancales ne sont pas nécessairement les moins solides.

Ces suicides ont une connotation altruiste : on se sacrifie pour Dieu, pour l'humanité, pour sa patrie ou sa foi. La mort douce, elle, ne prétend rien prouver ; elle ne mise sur aucun absolu, elle n'est au service de personne... et c'est bien ce qui embarrasse. Il y a de la désertion dans l'air et les déserteurs ont une fâcheuse réputation. On donne son congé à une existence qui n'est pas pire qu'une autre et, par là même, on rompt le cercle enchanté et douloureux de tous ceux qui pensent que la vie est le bien suprême et qu'il faut tenir coûte que coûte. Pourquoi ? On ne le saura jamais, c'est une de ces évidences qu'il serait malséant de creuser. Les philosophes eux-mêmes, s'ils ne veulent pas être déconsidérés comme le furent les cyniques, les schopenhauériens ou les stirnériens, respectent la règle du jeu : tout remettre en question sauf notre présence sur cette motte de terre où, entre deux massacres, nous lançons des appels de détresse, des S.O.S. pathétiques et vains qui ne nous dissuadent pas cependant de continuer à œuvrer à la perpétuation de l'espèce : plus les temps sont catastrophiques, plus la semence impérissable de la douleur est généreusement prodiguée. Ainsi va la vie qui est plus forte que tout... et c'est d'elle qu'on voudrait prendre congé ? Quelle outrecuidance ! Quelle présomption ! Quelle ingratitude ! Comme Prométhée, tu es enchaîné et tu resteras enchaîné. Comme Prométhée, un aigle te torturera en te déchirant le flanc et en se nourrissant de ton foie. Supporte et abstiens-toi. Apprends à aimer la souffrance ; apprends à aimer la vie, à dire merci à ton bourreau. Le Christ et les martyrs ont donné l'exemple. A toi de le suivre. Et n'oublie jamais que ta vie ne t'appartient pas : elle appartient à Dieu, à l'État, au parti, à tes proches — tu n'es pas libre d'en disposer. Tel est le mensonge qu'on martèle à longueur de journée au catéchisme, à l'école, dans les familles, les entreprises ou les syndicats. Tel est le message que le partisan d'une mort douce récuse.

L'univers morbide de la Faute

Les Grecs et les Romains reconnaissaient aux hommes libres le droit de disposer de leur propre vie. Ils condamnaient cependant le suicide des femmes, des enfants et des esclaves, qu'ils considéraient alors comme une sédition ou une atteinte à la propriété du maître. Pour Socrate, cela va de soi : « S'il arrivait que, parmi les individus qui sont ta propriété, il y en ait un qui se donnât la mort sans que tu lui en eusses manifesté le désir, ne te fâcherais-tu pas contre cet individu, et ne le châtierais-tu pas si tu disposais d'un châtiment ? », dit-il dans *Le Phédon.* Or, avec l'instauration du christianisme en tant que religion d'État, Dieu est devenu le maître de tous les hommes, et il dispose du châtiment que Socrate invoquait comme une hypothèse irréalisable : la damnation éternelle. Chaque individu est redevable au créateur tout-puissant de son existence et justiciable de sa préservation. Dieu a pour ainsi dire trusté la vie humaine, et il a assuré son monopole par le moyen d'un tribunal plus inflexible encore que celui de la société civile : le for intérieur. Désormais, le suicide n'est plus une contestation mais un péché. Une telle culpabilisation, consécutive à l'intériorisation d'un rapport de force ou de propriété, illustre bien la généalogie nietzschéenne de la morale. Le suicide est pris dans l'univers morbide de la Faute, il est l'objet d'un anathème d'essence religieuse ou métaphysique.

La relève du pouvoir ecclésiastique par le pouvoir temporel n'a fait que déplacer le suicide dans un registre pathologique sans modifier fondamentalement sa définition : il reste un mal, symptôme d'une affection mentale ou d'un dysfonctionnement social. Il va relever dès lors de la compétence des médecins. Il obéit en cela à un processus général de médicalisation que Thomas Szasz caractérise ainsi : « Pendant des siècles les hommes et les femmes ont cru pouvoir échapper à la culpabilité en faisant de la morale une affaire de théologie ; à présent ils en font une affaire de médecine » (*la Théologie de la médecine*).

Naguère, les hommes attribuaient le mal à l'emprise du démon ; les criminels étaient des possédés que le prêtre avait pour mission d'exorciser. Ce sont aujourd'hui des malades que le médecin a charge de guérir. Ce qui signifie que le mal continue à être traité en extériorité, comme une force inhumaine et néfaste qui doit être combattue par des exorcistes doués de pouvoirs spéciaux. Nous persistons à refouler de notre sphère mentale ce qui pourrait engager notre responsabilité et susciter notre culpabilité : l'instinct de mort, les pulsions destructrices, les désirs asociaux, la conflictualité essentielle à la condition humaine. Lorsque l'un de nos congénères passe à l'acte et nous réfléchit trop crûment notre commune monstruosité, nous le soustrayons à la justice pénale et le déférons au médecin-psychiatre comme un cas pathologique, c'est-à-dire étranger à notre mentalité. Les criminels savent que, en donnant à leur crime un caractère assez odieux pour qu'il ressortisse à la pathologie mentale, ils se déchargeront ainsi de leur responsabilité. Ils font donc en sorte que le crime lui-même, en tant que symptôme morbide, serve à sa propre absolution — ils s'innocentent du crime par le crime, en quelque sorte.

La médicalisation du Mal

Ce réflexe projectif de disculpation est particulièrement manifeste à l'égard des délinquants sexuels. « Que faire de ces désaxés ? », s'écrie-t-on. La réponse est déjà dans la question, et plus précisément dans ce terme de « désaxé » ou de « malade » : il présuppose une sexualité « normale », qui, par on ne sait trop quelle harmonie préétablie, serait conforme au code pénal. Cent ans après les premières découvertes freudiennes, il semble qu'on répugne encore à s'avouer que les pulsions sexuelles sont foncièrement sauvages et asociales, qu'elles se rient de la morale, et que, dès que s'institue une norme en la matière, elle sert plutôt d'excitant. « Que d'enfants, si le regard pouvait féconder ! Que de morts s'il pouvait tuer ! Les rues seraient pleines de cadavres et de femmes grosses » : Valéry aurait pu préciser que la plupart de ces femmes enceintes seraient des jeunes filles mineures. Les délinquants sexuels ne se distinguent que par le fait de passer à l'acte. Ce ne sont ni des malades ni des désaxés, mais des salauds. Or, cette promiscuité psychique nous révulse, et, quand elle se manifeste, nous croyons pouvoir nous en exempter en l'évacuant dans un registre psychiatrique d'étrangeté que nous feignons de ne pas comprendre.

On retrouve le même processus de disculpation par déplacement à propos de la toxicomanie. C'est un phénomène qui touche principalement les jeunes en rupture de ban, les chômeurs, les individus que la société marginalise ou qui refusent de s'y intégrer. La drogue est pour eux un moyen d'afficher cette désaffection sociale, ou de la supporter, ou de se suicider lentement. Les tentatives de désintoxication échouent régulièrement dès lors que, le traitement terminé, le toxicomane repenti retrouve le contexte familial ou social qui l'avait déterminé à se droguer. Or, au lieu d'affronter cette situation de détresse, de misère ou de déréliction génératrice de toxicomanie et qui engage notre responsabilité sociale, nous préférons considérer que c'est la toxicomanie qui l'engendre. Nous inversons la cause et la conséquence de manière à attribuer ce fléau à ce que nous persistons à considérer comme une maladie relevant de la compétence du médecin.

Le nouveau clergé

La mort volontaire appartient centralement à ce domaine inquiétant et informulé qui engage profondément notre responsabilité ; ce pourquoi le sens commun, qui va à l'erreur par tropisme, s'en décharge en la médicalisant. Aussi convient-il de faire ressortir clairement ses enjeux idéologiques. La mort volontaire ne saurait être pensée isolément, elle est prise dans une alternative globale sur laquelle les libertaires et les prohibitionnistes peuvent s'entendre : ou bien la consommation de drogue, le suicide, la sexualité, etc., appartiennent à la sphère privée et ne sauraient justifier d'intervention pénale ou médicale que dans les cas de débordement où ils lèsent autrui ; ou bien l'État et ses services médicaux sont habilités à gérer ce domaine, à déterminer ce qui est bon ou mauvais pour ses administrés et, le cas échéant, à les protéger contre eux-mêmes. L'enjeu est d'autant plus décisif que chacune des deux options trouve une relance et une légitimation dans ses propres effets, comme un filet d'eau qui, selon la direction qu'il prendra, finira par modeler la topographie d'un pays. La liberté déplace avec elle les jalons de son champ d'autonomie et se découvre continuellement de nouveaux horizons ; inversement, la prise en charge se justifie et se reconduit au fur et à mesure qu'elle affaiblit celui qui en est l'objet.

Il est évident que c'est le second terme de l'alternative qui prévaut aujourd'hui. Le médecin représente idéalement le succédané laïque du prêtre, qualifié pour avoir charge d'âme et de corps, pour se prononcer sur l'avortement, l'usage des stupéfiants, le suicide, l'euthanasie, les manipulations génétiques, la fécondation artificielle, les affaires judiciaires, la culpabilité des accusés, l'exemption du travail ou des obligations militaires, l'aptitude des chefs de gouvernement à occuper leur fonction, bref, sur tout ce qui pose un problème éthique ou politique. Aujourd'hui, la quasi-totalité des situations problématiques, de la naissance — et même de la conception — à la mort, aboutissent à des actes médicaux. Le sentiment religieux s'est donc déplacé de la cathédrale à l'hôpital. Doté d'un appareil technologique apparemment omnipotent, l'hôpital, jadis associé à la maladie, à l'enfermement et à la mort, est devenu dans l'inconscient collectif un lieu sécurisant et tutélaire, un sanctuaire contre les agressions pathogènes, une promesse de survie, bref, le temple d'une nouvelle transcendance. Déjà dans son architecture, par sa position généralement dominante, son gigantisme, son orthogonalité à la fois fonctionnelle et monumentale, l'ostentation des sacrifices financiers dont elle procède, l'institution hospitalière affirme emphatiquement la sollicitude et la vigilance du pouvoir médical sur les âmes et sur les corps de la naissance à la mort.

La chaire médiatique

« J'estime que l'on devrait respecter les médecins pour leur savoir, mais se méfier d'eux lorsqu'ils tendent à exercer le pouvoir », dit encore Thomas Szasz. Ajoutons cependant à leur décharge que les médecins ne se sont pas emparés de ce pouvoir, mais que nous leur avons délégué complaisamment la gestion des affaires psychiques ou corporelles dont nous ne voulons rien savoir. L'autorité morale dont nous les créditons n'a qu'un caractère fiduciaire ou transférentiel. En réalité, tout indique que la proportion des gens estimables et des aigrefins dans la corporation des médecins est sensiblement la même que, disons, dans la corporation des garagistes — puissent ces derniers ne pas s'offusquer de la comparaison ! Nous faisons pourtant spécialement confiance aux médecins, parce que, dans notre inconscient encore empreint de religiosité, ils ont repris le rôle du prêtre.

Comment n'en seraient-ils pas flattés ? Sans abus, le pouvoir perd le charme, disait Valéry. C'est cela, plutôt que le serment d'Hippocrate, sans doute, qui entraîne les médecins à un acharnement thérapeutique qui met les patients sous leur dépendance.

Il est significatif que, aux États-Unis notamment, l'irrésistible ascension des médecins-directeurs de conscience ait été précédée en lever de rideau par les prédications à grand spectacle de pasteurs de charme ou de fondateurs de sectes, qui ont d'ailleurs fini par se discréditer à la suite d'affaires de mœurs ou d'extorsion de fonds. Ces prédicateurs ont préparé le terrain médiatique en investissant ce qui allait être la chaire du nouveau pouvoir médical : la télévision. Les médecins qui viennent se prononcer à l'écran sur des sujets éthiques ont appris à ôter leurs lunettes et à fixer l'objectif. Ils plissent le front comme s'ils incarnaient la conscience morale dans un monde de bruit et de fureur. Ils assurent d'ailleurs à tout propos qu'ils s'expriment « en conscience », qu'ils prennent leurs décisions « en conscience », qu'ils interprètent

les demandes de leurs patients « en conscience », etc. Cette tournure obsessionnelle
ressemble fort à une dénégation. Il doit
s'agir en vérité de pratiquer la perte de
conscience et de se mettre dans un état mé-
diumnique (prêter sa voix à la pensée de
l'Autre) et médiatique (l'Autre, c'est le téléspectateur moyen). Plus que jamais, le message, c'est le médium. La relation télévi-
suelle a un caractère de téléparticipation
spéculaire, récursive ou tautologique. Le
locuteur s'efforce de délivrer l'opinion
encore en souffrance qu'il pressent chez le
téléspectateur, et celui-ci se laisse réciproquement convaincre comme si cette opinion lui venait de celui-là, l'un et l'autre
s'escomptant par présomption mutuelle de
certitude anticipée. Tel est le fondement de
l'éthique professée par les médecins. Ces
prédicateurs laïcs n'ont plus la ressource
d'une transcendance, d'une loi révélée,
d'une vulgate ou d'un signe des dieux. La
vérité, ou ce qui en tient lieu, se dessine en
aval, dans le consensus à venir, qu'ils ap-
prennent à prévoir et à catalyser, sans ralen-
tir ni brusquer le processus. Ils doivent se

servir de l'écran de télévision comme d'un miroir qui aurait de l'avance, un miroir qui réfléchirait dans les deux sens du terme : spéculairement et mentalement, ou, mieux encore, oraculairement. La tension qui se marque sur leur visage n'est pas simulée, c'est celle du *surfer* qui doit se maintenir sur le versant de la vague et se laisser propulser par l'opinion en puissance, sans se laisser rattraper par les préjugés ni entraîner par la provocation. En équilibre instable, ces prélats d'un nouveau type jouent leur carrière : c'est cela qui leur plisse le front.

Éthique et prêt-à-porter

On peut considérer les commissions d'éthique qui prolifèrent aujourd'hui dans tous les pays comme l'institutionnalisation de cette autorité morale issue des milieux médicaux. Pour faire partie d'un comité d'éthique, il faut être un salaud — au sens sartrien : une existence singulière en qui s'incarne l'essence, le penseur d'élite en qui

la morale universelle a choisi de se person-
nifier, bref, la résorption de l'homme par
l'Homme. Ces commissions issues de ce
qu'on appelle la « société civile », fortement
médiatisées, sensibles aux variations de
l'opinion publique, restreintes à quelques
opinion leaders, sont faites pour fabriquer
de l'éthique sur mesure. Le fondement de
cette éthique, avons-nous dit, c'est le
consensus putatif, c'est-à-dire une instance
molle, à haut indice de viscosité, toujours
décentrée, faite de l'opinion que j'attribue à
l'autre qui lui-même s'aligne sur celle qu'il
prête à tous les autres — dont moi en tant
qu'autre —, processus d'assignation circulaire et fuyante que Sartre a appelé l'*alté-
rité sérielle.* Les rares personnes qui pour-
ront se prévaloir de quelque autorité en
l'occurrence, ce seront celles qui auront su
se faire plus autres encore que tous les
autres — celles précisément qu'on appelle à
siéger dans les commissions d'éthique.
Dans *En habillant l'époque,* Poiret, maître
de la haute couture au début du siècle,
crache le morceau : « La vérité est que je ré-
ponds par anticipation à vos secrètes inten-

tions. Je ne suis qu'un médium sensible aux réactions de votre goût et qui enregistre méticuleusement les tendances de vos caprices. » Il y va de la morale comme de la mode, à ceci près que son rythme plus lent confère au caprice une apparence de fondement.

Au stade actuel du consensus, le débat public obéit quasiment à un rituel. Interrogé sur la décision à prendre lorsqu'un moribond demande l'euthanasie, le médecin médiatique tiendra à peu près ce discours : « Certes, le patient qui se sait condamné a droit à une mort digne ou à une mort douce. Mais il ne s'agit pas de le prendre au mot et de l'assassiner. Sa demande est un appel qu'un médecin, en conscience, doit savoir interpréter : demande d'assistance, d'écoute, d'accompagnement, d'amour, etc. » Force est de reconnaître pourtant que l'euthanasie se pratique discrètement et plus souvent qu'on ne croit. Le même rituel veut que le médecin ostensiblement éprouvé par les problèmes de conscience reprenne un ton condescendant sitôt le débat terminé pour rassurer le partisan de l'euthanasie : « Vous enfoncez des portes ouvertes, mon pauvre monsieur : ce que vous préconisez, il y a longtemps que je le pratique dans mon service. Mais je ne pouvais évidemment pas le dire à l'antenne, je suis ici pour soulager les souffrances et non pas pour jouer les provocateurs ! »

Le prêtre et le moribond

Si les intérêts du malade devaient vraiment prévaloir, mieux vaudrait garantir publiquement l'euthanasie à qui en fait la demande, et ne pas tenir sa promesse le moment venu, plutôt que de laisser hypocritement le malade dans l'incertitude. La souffrance comme le plaisir sont fortement tributaires de l'imagination, ils sont surtout faits de leur attente, de leur appréhension, de leur indécision. On les exacerbe en les différant — ce à quoi excellent respectivement les sadiques et les pervers. En l'occurrence, la souffrance est décuplée par l'angoisse d'être livré à l'arbitraire d'une sorte de prêtre sans soutane dont on ignore les convictions. Sert-il les intérêts du patient ? ou sa propre carrière ? Vise-t-il la performance médicale ? Sacralise-t-il la vie ? Le sait-il seulement lui-même ? Il y a toute une casuistique en matière de définition de la mort sur laquelle les médecins disputent sentencieusement ; mais les distinctions byzantines entre le « laisser mourir » et le « faire mourir » visent plutôt à préserver le praticien des poursuites judiciaires que le patient de la souffrance.

Les médecins cherchent donc à se mettre au diapason de la loi — et on les comprend dans une certaine mesure. Les législations les plus progressistes stipulent grosso modo que les conditions suivantes doivent être réunies pour envisager l'euthanasie passive : que le malade exprime en toute lucidité son désir de quitter la vie ; qu'il se trouve dans la phase terminale de la maladie ; que sa souffrance soit intolérable, et sur une longue durée ; qu'il persiste tout aussi durablement dans ses dispositions d'esprit en renouvelant son vœu ; qu'il soit informé des autres possibilités de traitement et qu'il soit en état de se déterminer. Autrement dit, le moribond doit être lucide, mais dans le coma ; il doit être dispos, mais à la torture ; il doit pouvoir délibérer, mais être déjà mort. Au demeurant, le médecin traitant ne saurait prendre aucune décision sans l'aval d'une commission qui aura soumis le malade à la question. Il ne se passe pas de semaine sans que les journaux ne relatent quelque cas bunuélien de sourd-muet hémiplégique qui parvient encore à pianoter sa supplication, pour la plus grande jubilation éthique des docteurs en perplexité. Les médecins les plus intrépides face à la loi prennent la pose et déclarent publiquement que, dans les cas désespérés, ils prescriront les doses de morphine requises pour calmer la douleur sans prendre en compte le risque de dépendance !

Le cercle vicieux de la prohibition

Le risque de dépendance, à vrai dire, c'est surtout celui de l'agonisant à l'égard de cette commission inquisitoriale qui décide de son sort. L'incertitude quant au verdict aggravera le cas échéant un état dépressif que le médecin invoquera précisément comme une raison de refuser l'euthanasie. Tel est le cercle vicieux de la prohibition qui finit par trouver une justification dans les troubles qu'elle engendre. Comme par hasard, il en va de même pour ce qui concerne la toxicomanie. Ceux qui, comme le Dr Olievenstein, en ont analysé les raisons et les enjeux, s'accordent à attribuer l'état de dépendance du drogué non pas tant aux effets physiologiques de la drogue qu'à des circonstances psychosociales oppressantes que la drogue permet d'oublier temporairement. Autrement dit, ce n'est pas la drogue qui suscite un état de dépendance, c'est un état de dépendance (psychique, familial, social) qui détermine le recours à la drogue. La voie royale vers la toxicomanie, ce n'est pas le joint du lycéen, c'est la frustration de liberté et de responsabilité. Quand l'État thérapeutique décide fermement et maternellement de ce qui est bon et mauvais pour les gens, quand il les

« défend contre eux-mêmes », quand il détermine le moment de leur mort, etc., il fonctionne déjà comme un stupéfiant institutionnel. L'autoritarisme dont procède la prohibition, et la politique d'assistance qu'elle engendre, bref, l'infantilisation des individus, conduisent tout naturellement à la drogue comme à l'ultime ressource des irresponsables. Tel est le double bind : l'État-nurse interdit ce qu'il prescrit !

On réduirait la consommation de la drogue en la décriminalisant, c'est-à-dire en respectant les consommateurs potentiels, en les considérant comme des hommes libres et non pas comme des délinquants (évidemment, si on ne la décriminalise qu'à Amsterdam, on stimulera encore le trafic issu de la prohibition, et l'on pourra arguer de cette expérience fallacieuse pour prohiber davantage encore !). Pareillement, on réduira le taux de dépressions suicidaires en respectant le patient, en lui laissant la faculté de prendre la décision qui le concerne, en mettant par conséquent et sans réserve à sa disposition les moyens de mettre fin à ses jours. C'est la prohibition, c'est-à-dire le

mépris de la personne humaine et la néga-
tion de son libre arbitre, qui est morbide et
parfois meurtrière. Il serait donc simpliste
de considérer la libéralisation comme une
porte ouverte à des impulsions jusqu'ici
contenues.

Les options libertaires ou prohibitionnistes engagent tout un imaginaire social
dont les effets dans la réalité dépassent de
beaucoup ceux de la simple causalité physique. La mort, notamment, sous son apparence de fatalité biologique, dépend dans
une large mesure de la valeur symbolique
qui lui est conférée. Dans des populations
amérindiennes étonnamment résistantes, un
homme qui mange du gibier dans une pé-
riode où il est tabou, meurt assurément,
sous l'effet d'une sanction que nous dirions
psychosomatique, et sans l'intervention de
quiconque. Pour être passées de la magie à
la science, nos convictions n'en sont pas
moins déterminantes. On connaît la mé-
saventure de ces deux employés de chemin
de fer aux États-Unis qui avaient été enfer-
més par inadvertance dans un wagon frigo-
rifique et qu'on a retrouvés morts de froid

le lendemain ; ce qui n'aurait rien eu d'étonnant si l'on n'avait constaté que, par une autre inadvertance, le système de réfrigération n'avait pas été enclenché cette nuit-là. Mais les deux malheureux l'ignoraient, et s'étaient si bien disposés à la congélation qu'ils en sont réellement morts. L'imaginaire, l'idéologie, les croyances, les préjugés, le savoir même, peuvent acculer un individu à la mort sans l'intervention d'aucune instance répressive ; inversement, ils peuvent lui interdire cette échappatoire alors même qu'il y aspire.

Les chemins de la liberté

Il en est du suicide comme de l'avortement avant sa légalisation et la mise au point de la technique de l'extraction de l'œuf par l'aspirateur de Karman. Auparavant, chaque année et dans tous les pays du monde, des milliers de jeunes filles étaient livrées aux tortures abortives de faiseuses d'ange, s'enfonçaient des aiguilles à tricoter dans le corps, se jetaient en bas des escaliers ou se laissaient mourir plutôt que de mener leur grossesse à terme. Aujourd'hui, l'avortement est devenu aussi banal et aussi inoffensif pour les adolescentes qu'un goûter dans un salon de thé à la mode. A la limite, on peut comprendre, sans les approuver pour autant, les adversaires du fœticide : la femme ne dispose pas seulement de son propre corps, mais aussi de la vie d'un autre être humain. Débat qui tourne vite court, comme celui sur la peine de mort (au fait, pourquoi, dans les pays où la peine capitale a été abolie, les condamnés à perpétuité n'auraient-ils pas le choix entre l'exécution de leur peine et une disparition en douceur ?), tant il est lesté de présupposés métaphysiques et chargé de fantasmes archaïques. Mais enfin, on peut légitimement soutenir que la dissipation de la crainte de l'enfer, l'invention de la pilule et la libre disposition de son corps par la femme sont autant de pas sur les chemins de la liberté. Sans oublier qu'il n'y a qu'une seule chose que les hommes préfèrent à la liberté : la servitude.

Paradoxalement, le suicide, qui n'est pas légalement considéré comme un crime, est souvent réprimé par les psychiatres et rendu toujours plus difficile en dépit des avancées chimiques dans ce domaine. Le suicidaire qui, après tout, n'engage que sa propre vie, est plus durement pénalisé que la femme décidée à avorter. Il y a là quelque chose d'incongru. En outre, comme le note Maud Mannoni, notre génération a popularisé la contraception chimique et ce faisant, elle a désacralisé un domaine sur lequel régnait de façon absolue le Dieu des chrétiens. A présent, l'homme qui est arrivé à maîtriser la naissance désire avoir le droit de maîtriser la mort.

Si le suicide est permis, tout est permis

Le scepticisme commande qu'on accepte l'ambiguïté : elle est au cœur des choses, elle accompagne chacun de nos actes, elle nourrit nos pensées les plus intimes. L'idolâtrie, quelque forme qu'elle revête, est un déni de la raison. La vie pas plus que la mort ne devraient être des absolus — et une religion du néant dont le sacrement suprême serait le suicide devrait susciter les mêmes ricanements que toute autre religion. Si nous prônons la mort douce, ce n'est pas uniquement pour des raisons « humanitaires », mais aussi parce qu'elle contribue à désacraliser le suicide — et, par conséquent, la mort — en le faisant passer de l'ordre du pulsionnel à celui du rationnel, du registre de la fatalité à celui d'un destin librement assumé, de l'exaltation de la transgression à une lucidité sereine.

Wo Es war, soll Ich werden (« là où était le Ça doit advenir le Moi »), disait déjà Freud. Lente et difficile et improbable conquête de notre mort par nous-même. Sans pathos, sans désespoir... tout juste le sentiment que ce passage entre deux néants, pour éphémère qu'il ait été, méritait une conclusion qui nous soit propre : nous ne laisserons jamais à personne le soin de décider quelle fin nous voulons donner à une aventure qui n'a de sens et de prix que par l'exercice de notre liberté. L'idée du suicide peut être une béquille sur laquelle s'appuyer quand l'existence est par trop intolérable. Mais au-delà, elle rend à l'homme sa dignité en lui permettant d'exercer un contrôle sur sa propre mort et, par voie de conséquence, sur sa vie. Tant que la mort est en notre pouvoir, nous ne sommes en celui d'aucun autre, disaient déjà les Anciens. Et Benjamin Constant d'ajouter : « Le suicide est un moyen d'indépendance et, à cet égard, tous les pouvoirs le haïssent. » Si le suicide est permis, tout est permis.

L'oppression de l'homme par l'Homme

C'est pourquoi nous devons envisager la mort, et notamment la question du suicide, comme la clé de voûte de tout le système symbolique dans lequel nous sommes pris. Force est de constater encore une fois que nous sommes tributaires de l'opprobre judéo-chrétien attaché à la réappropriation de soi. Dieu n'est pas mort, nous nous étions réjouis trop vite, il s'est réincarné massivement, non pas dans la personne du Christ comme nous l'avions cru, mais dans cinq milliards de copies plus ou moins conformes. L'humanisme procède d'une fantastique métempsycose théologique qui n'a fait que profaner et démocratiser l'essence divine sans vraiment l'évaporer. C'est encore la mentalité judéo-chrétienne qui nous culpabilise devant chaque agonie comme devant celle du Christ. L'homme paraît condamné à rejouer indéfiniment ce psychodrame de la Passion qui fait de lui sa propre idole et son propre tortionnaire. C'est dire que la déchristianisation et la conquête de l'autonomie individuelle passent d'abord par la liberté de mourir. Contrôler sa propre vie, se réapproprier son corps, satisfaire une demande d'euthanasie, c'est accomplir un meurtre, mais pas dans le sens où l'entendent ceux qui mythifient la vie humaine : c'est tuer l'Homme, ou, du moins, l'émajusculer, le soustraire à l'idolâtrie humaniste, le réintégrer dans la vie profane. L'homme est le seul animal qui ne soit pas un animal, disait ironiquement

Boris Vian. C'est par humanité qu'on met un terme à l'agonie d'une bête, et c'est au nom de l'humanisme qu'on la prolonge cruellement chez l'homme. L'humanisme n'est pas un humanisme. Encore une fois, nous nous sommes fait posséder par un « isme ».

Mise à distance sacrée, soustraite à notre emprise par l'anathème théologique, la mort revient sur nous comme une puissance surnaturelle et vindicative. Sujette à une appréhension qui peut devenir obsessionnelle, elle remonte le cours de notre vie et n'en finit pas de commencer. Vieillesse ennemie : la suppression de l'au-delà, comme un coup de bélier, a rabattu *ante mortem* l'échéance du châtiment en faisant de la vieillesse un enfer sécularisé. C'est ainsi qu'il faut comprendre ce vers du grand poète mexicain Inès de la Cruz : « Tu agoniseras dès ta naissance... ». Tu naîtras, tu travailleras, tu enfanteras, tu vieilliras et tu mourras dans la douleur : ce sont les séquelles d'une religiosité qui, en définitive, ne tient qu'à nous. Il nous appartient de faire de la mort une délivrance plutôt qu'une menace, un sommeil définitif plutôt qu'une agonie, un droit plutôt qu'un châtiment. Libre à nous d'inventer un *happy end* au scénario de notre existence pour en modifier l'esprit, selon la même logique rétroactive qui la place encore sous l'instance d'un dénouement funeste. La vieillesse en serait sûrement transformée. A l'instar de la maternité, elle ne sera vraiment vivable que librement consentie, sinon désirée. On doit pouvoir l'interrompre comme la grossesse, sans avoir à donner de justifications à quiconque.

Le problème n'est pas là, dira-t-on, c'est le statut et la condition des personnes âgées qu'il faut transformer, il s'agit d'êtres humains qui méritent d'être respectés comme tels, etc. Tant mieux si les campagnes de culpabilisation à l'égard des handicapés, des vieillards et de tous les oubliés a pour effet d'adoucir les pratiques concentrationnaires, d'humaniser les mouroirs et de faciliter la vie des infirmes. Mais c'est un revirement caritatif qui restera paternaliste et, pour tout dire, dégradant, tant qu'on empêchera les intéressés de prendre la seule décision qui les concerne personnellement. Rétablir les vieillards et les handicapés dans leur dignité, ce devrait être d'abord respecter leur autonomie, c'est-à-dire leur droit de disposer de leur vie et de leur corps. Bref, en faisant de la vieillesse l'objet d'un choix plutôt que d'une fatalité, nous lui ôterions sa composante la plus inhumaine.

Farewell, my love

Se donner la mort, c'est apposer sa signature à la fin d'une vie que nous n'avons pas choisie, qui s'est révélée une suite de revers, de disgrâces et d'échecs et qui, grâce à ce geste de suprême dignité, nous appartient enfin. Il n'est pas de liberté plus accomplie que l'adhésion à sa propre mort : adhésion éthique autant qu'esthétique. Aussi, c'est au moment où notre existence revêt à nos yeux son plus haut prix qu'il conviendrait de prendre congé.

Bettelheim considérait la vieillesse comme la punition d'avoir vécu. Sans doute se souvenait-il des pages de l'écrivain viennois Richard Beer-Hofmann sur les nuits insomnieuses des vieillards : « Ils restaient allongés sans dormir, les yeux grands ouverts, sans comprendre : quel crime avaient-ils commis qui appelait pareil châtiment ? Ils savaient bien lequel. Ils avaient voulu durer plus longtemps que leur floraison. Ils avaient voulu durer, vivre. Exauçant leur vœu par dérision, la vie avait transformé cet exaucement en châtiment. En châtiment... ou pire encore. Chaque heure acharnait sur eux son insatiable rancune, pointait ses crocs haineux pour ronger leurs dernières possessions. La tombe est plus clémente ; on peut y lire au moins : ci-gît un homme. Mais sur les traits sombres et glacés de l'inhumaine vieillesse, on ne peut rien déchiffrer. »

Chaque mot est un mot de trop : nous aspirons à finir nos phrases, nos chapitres, nos livres, nous prônons un « art de vivre » qui esquive la mort. Nous sommes les tâcherons de l'accomplissement de soi : l'absurde ambition d'augmenter notre capital — de gloire, de puissance, de séduction —

nous requiert tout entier. Et quand nous y renonçons, c'est pour macérer dans les remords et les regrets, dans la culpabilité et la nostalgie. Nous nous projetons sans cesse les mêmes feuilletons du bonheur, où le happy end est de mise : ils s'aimèrent et eurent beaucoup d'enfants, ils moururent contents et leurs enfants aussi. Mais il n'y a pas de happy end.

La gifle de Zeno

Dans *la Conscience de Zeno*, Italo Svevo consacre de longues pages à la mort de son père. Le vieil homme est découvert sans connaissance dans sa chambre. Zeno fait venir un médecin. Celui-ci donne aussitôt l'ordre d'appliquer des sangsues au malade, tout en affirmant qu'il n'y a plus d'espoir, que le vieillard, grâce aux sangsues, reprendra conscience, mais peut-être pour perdre la raison (à cet effet, il a apporté une camisole de force).

Saisi d'épouvante, Zeno supplie le médecin de ne pas appliquer les sangsues, de laisser son père mourir en paix. Peut-il, se demande Zeno, y avoir « une action plus noire que de ramener à la conscience un malade, sans le moindre espoir de le sauver et avec la seule perspective de l'exposer au désespoir ou au risque de supporter la camisole de force ? ».

L'homme de science ne veut rien entendre. Il faut, dit-il, *laisser la porte ouverte à toute éventualité.* Ne pas appliquer des sangsues à un malade choque celui qui a prêté le serment d'Hippocrate, mais ramener un moribond à la vie pour lui enfiler une camisole de force ne trouble pas sa conscience.

Au chevet du mourant, le médecin écarte le fils, il entend exercer son autorité. C'est ainsi que, pour prévenir le moment où le malade risque de reprendre conscience en ayant perdu la raison, il s'apprête à lui enfiler la camisole de force. Alors, l'agonisant, comme s'il pressentait l'ignominie qui allait lui être infligée, ouvre les yeux. Le médecin renonce à lui faire endosser la camisole.

Les jours qui suivent, le père de Zeno reprend connaissance, mais sans reprendre conscience. Il entend et comprend ce qui se dit autour de lui. Il s'assoit dans son lit, se lève, tourne sans répit entre sa couche et le fauteuil. Cette liberté de mouvement déplaît au médecin : le malade doit rester, aussi longtemps que possible, allongé. Il somme le fils de veiller à ce que son père demeure au lit.

Le médecin parti, Zeno croit qu'il est de son devoir de contraindre son père à observer le repos prescrit. Le père veut se lever. Zeno l'en empêche. Dans un « effort suprême », le père se redresse, lève la main et gifle son fils. Puis il s'écroule. Mort.

La gifle que reçoit Zeno, c'est la gifle que notre civilisation risque de recevoir un jour si elle ne s'oppose pas, avec la plus grande véhémence, à cette « cruauté inouïe » dont font preuve certains médecins en ne voulant pas laisser mourir en paix un malade définitivement condamné. Le geste du père de Zeno, c'est le sursaut d'un homme qui refuse de mourir déchu et qui proteste contre le pouvoir des médecins et la lâcheté des vivants. Un geste qui dit son horreur de l'humiliation, du ratage, de la médiocrité. C'est le geste de la suprême raison, celui d'un homme qui, dans l'instant ultime, reprend conscience pour affirmer ses droits.

La gifle que reçoit Zeno, c'est la gifle que devrait recevoir notre société, une société qui n'a aucune maturité, aucun sens de la révolte et dont le rêve est de se soumettre aux diktats de la science. Sous prétexte qu'ils provoquent des maladies graves, qu'ils sont nuisibles à la santé, l'homme, au premier coup de semonce, renonce à ses plaisirs, ne touche plus au tabac, à l'alcool, à la drogue, au sexe, et se met au garde-à-vous. Il rêve de vivre comme un jeune vieillard pour, en fin de compte, mourir comme un déchet, cobaye d'une science qui veut toujours *laisser une porte ouverte à toute éventualité.* Quant à ses droits fondamentaux, l'homme les ignore, il les élude, par crainte de bousculer les habitudes, de transgresser les règles, de choquer la bonne conscience. L'homme a abdiqué. Il a perdu confiance dans ses propres droits.

Une civilisation essoufflée a besoin d'être souffletée. Notre civilisation ne veut entendre que des choses réconfortantes, elle a un penchant pour le caramel ; il est temps de mettre un peu de poivre et d'arsenic dans son plat. Notre civilisation ne s'est pas aperçue qu'à son banquet il y a un absent de marque : la culture de la mort. Il faut réinventer une culture du suicide, il faut rappeler que l'initiation à la mort est aussi importante que l'initiation à la vie.

Ce manifeste est dédié à Bruno Bettelheim, il est aussi un salut à quelques écrivains japonais, qui ont fait de leur mort volontaire le couronnement de leur vie. Parmi ces écrivains, Osamu Dazai qui, après cinq tentatives, réussit à mettre fin à ses jours en 1948. Dans un de ses romans, *Soleil couchant,* cet aristocrate avait laissé son testament : « De même que l'homme a le droit de vivre, il doit avoir le droit de mourir. Rien de nouveau dans ce que je pense : tout simplement les gens ont la plus inexplicable aversion pour cette idée évidente — pour ne pas dire élémentaire, et ils refusent de l'admettre. Ceux qui ont envie de continuer à vivre peuvent toujours s'arranger pour survivre, quels que soient les obstacles.

C'est splendide de leur part et j'ose dire que ce qu'on appelle la gloire de l'humanité comprend cette théorie. Mais je suis certain que se donner la mort n'est pas un péché. »

Vieillesse soldée

L'assistance au suicide raccourcirait-elle ce qu'on appelle euphémiquement l'« espérance de vie » — qui n'est dans bien des cas qu'une condamnation à la survie ? Apporterait-elle une solution au vieillissement de la population ? Viderait-elle les mouroirs ? Question cynique, sans doute ! Mais le comble du cynisme n'est-il pas de multiplier les performances médicales, de forcer les statistiques de longévité, et de s'en prévaloir comme d'une victoire de la médecine, quand on sait que le taux de suicides, dans les conditions atroces imputables à la prohibition, s'accroît considérablement avec l'âge ? De toute manière, la répartition des classes d'âges doit résulter de la libre décision des individus de mourir ou de prolonger leur vie ; il serait inhumain de la forcer dans un sens ou dans l'autre. Peut-être au demeurant la garantie d'une aide médicale le moment venu, moment laissé à la libre appréciation de ceux qui veulent quitter la vie, précisons-le, calmerait leur angoisse et les dissuaderait d'anticiper leur décision. Comme le note Valéry dans ses carnets, « il en est qui se tuent pour fuir le fantôme de la mort, et quittent l'ombre pour la proie. C'est que l'idée de la mort, l'émotion auguste ou vile, est aussi puissante et falsificatrice que tout ce qui ne tient qu'à la sensibilité. Elle est ici maîtresse presque absolue, car l'expérience n'a pas été faite que cette terreur ne tenait pas à une grande cause ». La cause de cette fascination négative de la mort n'est pas aussi fantomatique que Valéry veut bien le dire, précisons-le encore une fois : elle tient aussi bien à l'acharnement thérapeutique qu'à la cruauté des moyens auxquels est condamné celui qui décide d'en finir.

Les partisans de la vie à tout prix prônent l'encouragement à la natalité comme un antidote au vieillissement de la population.

Étrange raisonnement! Les résultats d'une politique nataliste seraient assurés dans un premier temps, certes, mais à l'instar de ces loteries qui garantissent les premiers gains sur un accroissement exponentiel et fatalement catastrophique du nombre des joueurs. Un enfant, c'est un futur vieillard, est-il besoin de le rappeler! La surpopulation est déjà dramatique dans le tiers monde, elle excède déjà considérablement la capacité d'absorption des pays démographiquement plus stables, c'est-à-dire des pays les plus riches. En vérité, les natalistes sont des apprentis sorciers qui veulent combattre le mal par le mal pour faire barrage à ce qu'ils considèrent comme une invasion. Le respect de la vie qu'ils invoquent n'est que l'alibi d'une conception raciste de la démographie.

Il est midi docteur Mengele!

Il est d'autant plus saugrenu de les entendre crier à l'hitlérisme chaque fois qu'il est question d'autodétermination biologique. Le pape Jean-Paul II voit dans l'avortement un nouvel holocauste qu'il compare à celui des Juifs sous le IIIe Reich. Les adversaires de l'euthanasie évoquent les pratiques nazies d'élimination des malades mentaux et des anormaux. Les associations de handicapés demandent un boycott du diagnostic prénatal qu'ils assimilent aux expérimentations du Dr Mengele sur le « matériel humain indésirable ». Les comités d'éthique alertent l'opinion publique sur les recherches génétiques en ressuscitant le spectre de l'eugénisme...

Bref, le nouvel ordre éthique en voie de mondialisation trouve dans l'évocation du nazisme et dans l'horreur qu'il inspire un secours inattendu et équivoque. Hitler n'est pas mort, il rempile, enrôlé par les intégristes de tout acabit comme un épouvantail contre ceux qui revendiquent la disposition de leur propre vie et de leur propre corps. Ce n'est pas la première ruse de l'Histoire que cette farce sinistre qu'on fait jouer ou rejouer par des marionnettes ubuesques.

Il y a donc un néo-nazisme plus pervers

et plus redoutable encore que celui des skin-heads, des profanateurs de tombe et des provocateurs déclarés : c'est celui des tartufes qui brandissent eux aussi la croix gammée, mais hypocritement, sous couleur d'humanisme, pour perpétuer une idéologie punitive génératrice de monstruosité, de torture et de mort.

Car le nazisme recyclé, fût-ce à titre de repoussoir, conserve sa virulence. Il ne suffit pas d'en inverser les signes ou les valeurs pour s'en tenir quitte. Son négatif prétendument humaniste lui ressemble comme un frère. En remplaçant la célébration de l'Übermensch par celle de l'Untermensch, en s'alignant sur les handicapés plutôt que sur les Aryens en tant que modèles de l'homme futur, en imposant une survie dégradante à la place d'une élimination cynique, en substituant à la « solution finale » une idéologie nataliste, on produit des effets sensiblement analogues : l'enfer des handicapés congénitaux condamnés à vivre, l'acharnement thérapeutique et le supplice des agonisants, la surpopulation dans le tiers monde, c'est-à-dire la famine et le génocide. Ainsi conçu en contre-dépendance du nazisme, le soi-disant humanisme n'est qu'un totalitarisme inverti, honteux et pervers.

Tout individu devrait avoir le droit de disposer de lui-même, de s'intoxiquer, de se donner la mort, pour des raisons qui ne regardent que lui, parce qu'il est séropositif ou parce qu'il pleut ce matin. Rien ne justifie qu'on attende qu'il agonise pour lui reconnaître cette liberté. L'État n'a pas à intervenir, ni légalement, ni indirectement. Il outrepasse ses prérogatives en interdisant les drogues ou les médicaments requis pour une mort douce. Il n'entre pas dans ses compétences de définir ce qui est bon ou mauvais pour ses administrés, et encore moins de les « protéger contre eux-mêmes ».

Les avatars du Mal

Le moyen d'éconduire un instinct ? Selon Freud (*Malaise dans la civilisation*), le contingent de pulsions agressives que l'individu n'a pas réussi à satisfaire est enrôlé par le Surmoi pour des expéditions punitives contre le Moi. Autrement dit, l'agresseur frustré retourne l'arme contre lui-même — ou plus précisément, et pour n'avoir pas à assumer le Mal en lui, il le projette sur des entités persécutrices. « Le Diable est encore le meilleur subterfuge pour disculper Dieu », précise Freud. Encore les développements les plus récents de la civilisation ont-ils aggravé l'allergie au Mal. Le Diable se révèle trop anthropomorphe, trop compromettant, trop tentateur. Et pourquoi ferait-il l'objet d'une discrimination ? Il n'y a plus de méchants, il n'y a que des malades, et la formule freudienne doit être réactualisée : la maladie est devenue le meilleur subterfuge pour disculper le Diable. Le Mal innocenté par somatisation est désormais l'affaire d'une prêtrise sanitaire et la cible d'une technologie médicale indéniablement performante.

L'ère du Vide dont parle Gilles Lipovetsky se caractérise ainsi par la fin de la négativité. Les nouvelles consignes conviviales de tolérance, d'humour et de décontraction désarment toute conflictualité politique, sociale ou personnelle. L'ambiance cool du type touche-pas-à-mon-pote rend la notion même d'antipathie tellement incongrue et tellement impensable qu'elle ne se risque plus à franchir le seuil de la conscience. L'agressivité n'ose plus dire son nom. Elle n'a plus qu'à se dissoudre dans l'épaisseur du corps. Mais elle opère avec d'autant plus de virulence dans nos entrailles, dans nos nerfs et dans nos artères. « Mon cancer à la gorge, ce sont mes larmes rentrées », écrivait Fritz Zorn quelques mois avant de mourir. Étrange retour de la théorie médiévale des humeurs sur laquelle on a tellement ironisé : le Mal coule désormais dans nos veines sous la forme d'adrénaline ou de cholestérol.

Certes, la médecine avance à pas de géant, elle greffe, elle lifte, elle transfuse, elle recode. Mais elle n'extermine pas le Mal, elle l'accule seulement à un nouvel avatar. Il y a encore un « à suivre » au bas du feuilleton freudien. Le Malin Génie, qui n'a pas dit son dernier mot, a imaginé de faire retour là où on l'attendait le moins : dans la médecine elle-même. L'homme a souffert successivement de la violence primitive, des machinations du démon, de la multiplication exponentielle des maladies : il pâtit aujourd'hui de l'omnipotence médicale, c'est-à-dire de l'expropriation de son corps et de son esprit. Il n'est plus que la métastase de lui-même, exposée à une irradiation censément thérapeutique, mais nécrosante. A preuve les faits que nous allons relater.

Le syndrome finlandais

Dans *le Nouvel Observateur* n° 1413, le Dr Norbert Bensaïd fait état d'une expérience surprenante. Pendant une dizaine d'années, l'Office finlandais de la santé a entrepris d'évaluer scientifiquement les effets d'une meilleure hygiène physique et alimentaire. Il a recruté parmi les cadres supérieurs de quarante à cinquante ans quelque six cents personnes qui ont accepté de se plier à une surveillance médicale permanente et à des prescriptions de diététique, d'exercices physiques, de modération dans la consommation de tabac, d'alcool, de sucre, etc. Pour faire ressortir quantitativement le bilan de santé, on a procédé par comparaison avec un autre groupe de six cents personnes choisies dans les mêmes catégories socioprofessionnelles, mais ignorant tout des buts de l'enquête, acceptant seulement de communiquer régulièrement leur dossier médical. A une telle échelle, les facteurs génétiques, répartis statistiquement entre les deux groupes, n'avaient pas à être pris en considération. Les résultats ont été rapidement significatifs : moins de maladies cardio-vasculaires, moins d'hypertension, moins de décès, moins de suicides, etc. Mais la surprise est venue du fait que ce n'est pas le groupe expérimental qui a été ainsi bénéficiaire, mais le groupe témoin, celui des personnes qui n'avaient fait l'objet d'aucun encadrement thérapeutique ! Interloqués, les médecins finlandais sont restés discrets sur cette expérience : comment des mesures prophylactiques telles que la réduction du tabagisme, la restriction d'alcool ou la gymnastique quotidienne pourraient-elles avoir des effets délétères ?

Mais peut-être ces médecins ont-il soupçonné l'explication : la surprotection thérapeutique et la gestion hétéronome de l'organisme ne préservent pas la santé, elles suscitent au contraire la dépendance, la déficience immunitaire, la vulnérabilité, bref, un état morbide. La prise en charge médicale et l'exemption de responsabilité en général diminuent peut-être l'angoisse, mais elles affaiblissent du même coup cette instance qu'en psychanalyse on appelle l'Idéal du Moi, laissant le champ libre aux pulsions de mort. Le Moi a sûrement des antécédents biologiques très lointains et par conséquent des implications somatiques très complexes. Pour que naisse la vie, il a déjà fallu qu'une cellule se constitue comme telle, qu'elle s'affirme comme centre de référence ou de préférence, qu'elle se délimite par une membrane protectrice, qu'elle règle à son profit ses échanges avec l'environnement, qu'elle développe des défenses immunitaires, etc. Ce mouvement d'autonomisation s'est reconduit de manière de plus en plus complexe et de plus en plus réfléchie jusqu'à s'accomplir, en quelque sorte, dans la subjectivité de l'être humain. Faut-il en déduire que nous sommes passés aujourd'hui sur le versant crépusculaire de cette grande hyperbole de la vie, dans la phase de désaffection du Moi, dans un processus de décomposition qu'on pourrait qualifier d'entropique, ou, au sens étymologique, d'antibiotique ? Telle est la leçon de l'expérience finlandaise : si louables que fussent leurs intentions, les médecins n'ont pas lutté contre la mort, mais contre l'autonomie de leurs patients ; et ils ont vérifié involontairement et par contre-épreuve l'équation de l'autonomie et de la vie.

La société suicidaire

Passé un certain seuil, la prophylaxie est donc contre-performante : elle dissuade le corps de se battre, elle l'accule même à une abréaction autodestructrice, elle ne lui laisse que l'alternative du défi. Dans l'organisme comme dans le corps social, l'acharnement sécuritaire engendre le terrorisme, le maternage suscite l'anorexie, le bien-être programmé pousse au crime. « Loin, loin de toi, se déroule l'histoire mondiale, l'histoire mondiale de ton âme », disait Kafka. Effectivement, la relation thérapeutique apparaît comme la réplique microsociale de ce qui se passe à l'échelle collective. L'épidémie d'attentats et de prises d'otages touche d'abord nos organes et nos affects. Le corps surprotégé se rebiffe, il se venge, il défie, il opte pour l'anarchie organique ou pour le terrorisme. La seule marge de liberté qui lui reste, c'est la surenchère catastrophiste. C'est pour ainsi dire le corps lui-même qui se prend en otage ou qui se saborde pour se soustraire à la mainmise sanitaire.

Peut-être alors nous fixons-nous sur le suicide individuel pour nous dissimuler que c'est l'espèce humaine dans son ensemble, ou du moins la civilisation qu'on dit la plus avancée, qui se laisse dominer par la pulsion de mort. Et l'expérience finlandaise a sûrement la valeur d'une anticipation à cet égard, elle préfigure les vicissitudes de la société sécuritaire. Nous sommes déjà tous des cardio-vasculaires finlandais hypermédicalisés. Le cas échéant, certains suicides pourraient s'expliquer comme une sorte de légitime défense ou comme une subtile revanche préventive, comme une surenchère à la fois ironique et désespérée qui consisterait à aller au-devant de cette contre-finalité thérapeutique.

Après tout, si nous avons l'air d'encourager le suicide, ce serait plutôt sur le mode paradoxal, à la manière de ces psychiatres américains qui ont imaginé de prescrire le symptôme — à des fins tout autres que morbides ou mortifères, est-il besoin de le préciser ! Dans une société compulsivement autodestructrice, sans doute est-il salutaire d'affronter le problème, de le verbaliser, de passer ainsi du pathos à la réflexion. S'il y a des pousse-au-crime en matière de suicide, ce sont ceux qui en font un sujet tabou. Entre le droit à la mort douce que nous revendiquons et les pulsions de mort devenues, semble-t-il, hégémoniques et qui désagrègent les individualités nationales, sociales, personnelles, etc., il y a plus qu'une différence : une opposition névralgique. Aussi convient-il de déjouer l'homonymie : il y a suicide et suicide. Il y a l'acte irrationnel et autopunitif qui se perpètre par haine ou par terreur de la vie, en tant que symptôme d'une régression sociale maternante et mortifère — Freud souhaitait à ce propos que soit entreprise une pathologie des sociétés civilisées ; et il y a la mort volontaire, réfléchie et maîtrisée, l'acte d'autonomie par excellence, la mort douce qui donne à l'existence son accord de résolution. « Le plus beau présent de la vie, écrivait André Breton, c'est la liberté qu'elle vous laisse d'en sortir à votre heure. »

Le totalitarisme mou

Doit-on libéraliser complètement l'interruption de grossesse ? Et dans quel laps de temps après la conception ? A-t-on le droit de tuer un nouveau-né affecté d'une malformation grave ? Est-il légitime de seconder un suicidant ? Même s'il n'a pas de raisons majeures de se donner la mort ? Peut-on mettre fin à un coma alors que le moribond est dans l'incapacité d'en faire la demande ? Les questions s'enchaînent, et ne peuvent que prêter à controverse. Le fait même de les soulever vous expose aux pires soupçons. Vous demandez qu'on abrège une agonie ou qu'on soustraie un débile profond à une vie inhumaine, et vous vous retrouvez dans le camp des nazis !

Il faut se rendre à l'évidence : les hommes ne s'entendront jamais sur une éthique commune. La solution qui prévaut dans les pays démocratiques, c'est le repli sur un statu quo imprécis, c'est un compromis mouvant entre la morale judéo-chrétienne et les aspirations diffuses à un mieux-être. Encore ne se permet-on certains accommodements que sous l'alibi d'une prescription médicale. Pour ce qui concerne l'avortement, par exemple, plutôt que de reconnaître ouvertement la liberté individuelle à cet égard, ou plutôt que de la réprimer ouvertement, les législateurs préfèrent étendre aux cas « psychologiques » ou « sociaux » les raisons thérapeutiques de le pratiquer. Quant à abréger une agonie, les médecins de toute obédience s'entendent sur une ligne de partage entre l'euthanasie dite active, qui contreviendrait au deuxième commandement de Dieu, et l'euthanasie dite passive, censée laisser faire la nature ; mais ils admettent en privé que c'est une hypocrisie, qu'il n'y a pas de solution de continuité, mais seulement un flou permettant à chacun d'agir à sa guise en maintenant un simulacre d'éthique commune. Une telle casuistique répond sans doute au souci des praticiens de se couvrir juridiquement, mais elle aggrave l'incertitude des patients, qui se sentent plus que jamais visés par une sorte de lettre de cachet dont ils ignorent le contenu et qui décide pourtant des conditions de leur mort. S'agissant de prescriptions qui nous touchent aussi intimement, au plus profond de notre chair, ne pourrions-nous pas donner congé à la transcendance ou à l'universel ?

L'histoire se répète sous forme de farce, disait Marx. Cette proposition a un corollaire : pour qu'une constellation historique disparaisse, elle doit s'actualiser une dernière fois sous des traits caricaturaux qui en trahissent la vérité latente. Si tel est le cas, l'État thérapeutique pourrait être considéré comme l'ultime avatar de la religiosité, ou comme l'agonie historique de la Foi. Peut-être a-t-il fallu attendre le temps des médias, l'unilatéralité et l'hyperréalisme du message télévisuel, ou son obscénité, comme dit Baudrillard, pour qu'apparussent en filigrane, plus distinctement que jamais, les deux sources de la religion : la complaisance des uns (de quelques-uns) à jouer les truchements de la vérité — ou, au sens propre, à pontifier ; la complaisance des autres (la grande majorité) à se décharger sur les premiers de leur responsabilité — à éluder ainsi l'angoisse de la liberté.

Toujours est-il que, pour s'être affranchi de ses liens avec l'Église, l'État n'a pas pour autant achevé le travail du deuil de la religion. Celle-ci se reconduit sous la forme d'impératifs catégoriques qui n'ont d'autre fondement que celui d'un consensus par présomption mutuelle. Cette religion d'État, dont le corps médical, pour l'essentiel, assume la prêtrise, est sans doute moins doctrinaire, plus pragmatique et plus évolutive que les religions révélées. A l'instar de la langue, elle n'admet pas de transgressions ou d'interventions individuelles, mais elle se prête aux inflexions déterminées par l'usage. Elle a substitué au dogmatisme religieux un totalitarisme lubrifié, pour ainsi dire. Une majorité plus silencieuse encore que le Dieu des chrétiens, ou du moins ventriloque, exerce désormais le pouvoir sur les corps et sur les âmes en prêtant sa voix au clergé médical.

Y a-t-il une nécessité sociale à maintenir ainsi la fiction d'une morale universelle ? Il convient bien sûr que l'État légifère sur les rapports entre les hommes et qu'il impose les règles du droit civil et pénal. Mais celui-ci trouve sa justification et sa limite dans la nécessité d'empêcher quiconque de porter préjudice à autrui. Au-delà de cette limite, la sphère privée, les convictions personnelles et l'usage de son propre corps ne devraient-ils pas rester soustraits au contrat social ? Ne pourrait-on pas faire l'économie de ce surmoi grégaire et médiatisé qui envahit notre intimité psychique et corporelle et qui transforme l'humanité, jadis si diverse, en une espèce standardisée ? « On peut parfaitement concevoir un univers un peu ennuyeux, sans sexe, sans hormones et sans système nerveux ; un univers seulement peuplé de cellules identiques qui se reproduisent à l'infini. De fait, cet univers existe. C'est celui que forme une culture de bactéries », déclare François Jacob dans *la Logique du vivant*. Mais faut-il aller chercher si loin dans l'échelle microcellulaire : en dépit de tous les éloges (dénégatifs) de la différence qui se publient aujourd'hui, voici venir l'ère de l'humanité bactérienne.

Pour un pluralisme déontologique

S'il était encore possible néanmoins d'effectuer un revirement pluraliste, sans doute devrait-on commencer par libérer les médecins eux-mêmes du joug déontologique — à tout seigneur tout honneur ! Peut-être les hommes de l'art retrouveraient-ils ainsi l'usage de la première personne du singulier, c'est-à-dire une pluralité de principes qui, chez eux aussi diversement que dans toute autre corporation, va de l'intégrisme religieux à la pensée libertaire, en passant par l'affairisme, la compétition professionnelle, le credo technologique, etc. Un médecin catholique pense que Dieu donne la vie et a seul droit de la reprendre ; peut-on lui demander de pratiquer un avortement, de seconder un suicide ou d'abréger une agonie ? Inversement, pourquoi demander à un médecin athée de se conformer à la morale chrétienne ? Pourquoi ceux qui ont un respect religieux de la vie imposeraient-ils leurs principes à ceux qui ont un respect scrupuleux de l'autonomie individuelle, et réciproquement ? Certains médecins conçoivent et organisent efficacement leur cabinet comme une affaire commerciale ; pourquoi leur demander un supplément d'âme ? Pourquoi se réfugier hypocritement dans un consensus nébuleux qui sauve les apparences de la morale, mais qui frustre en dernier ressort et les patients et les médecins de leurs aspirations véritables ? Est-il fatal que la relation thérapeutique implique la normalisation ou le laminage déontologique des convictions respectives ? Pourquoi ne s'ouvrirait-elle pas à la diversité des idéologies en facilitant plutôt leur appariement, de telle sorte que chaque patient puisse bénéficier des soins d'un praticien qui partage ses convictions, sans avoir à se plier à une norme collective ?

Cela ne pourrait évidemment se concevoir que dans des conditions de transparence. On attend d'un prêtre qu'il professe publiquement sa religion, d'un homme politique qu'il affiche ses idées, d'une école qu'elle annonce si elle est publique, privée, affiliée à une religion, ou à une secte, etc. De même, chaque médecin devrait annoncer ses principes : respect de la vie à tout prix (au prix de la souffrance), apaisement de la souffrance à tout prix (au prix de la vie), recherche de la performance médicale ou du profit commercial, etc. L'institution d'un tel usage dispenserait les médecins de ces détours hypocrites ou de ces actes clandestins encore imposés par le monolithisme éthique. Et surtout, cette diversité déontologique garantirait aux patients des soins conformes à leurs vœux et affranchis de toute sanction morale ou juridique. L'économie de marché qu'on prône obsessionnellement aujourd'hui restera bassement matérialiste si elle ne se généralise pas en concurrence des idées et des principes. Ainsi, quand on parle de médecine libérale, on sous-entend surtout, sinon exclusivement, la privatisation des notes d'honoraires. C'est la déontologie médicale que nous proposons de libérer.

Nous sommes encore loin d'un tel pluralisme. Pour y parvenir, il faudrait commencer par être suicidaire dans le domaine éthique, il faudrait procéder à la dissolution d'une religion civile qui n'a d'autre fondement que la grégarité. L'éthique, disions-nous, procède non plus d'un foyer surnaturel mais d'un mimétisme circulaire qui, de surcroît, est en train de s'accélérer. Au nom de valeurs profanes comme le bonheur ou la santé, l'État thérapeutique étend de jour en jour ses compétences et envahit notre vie privée. Il menace de mort ceux qui fument, ceux qui se droguent, ceux qui boivent, ceux qui mangent trop, ceux qui ne font pas d'exercice, ceux qui en font trop, ceux qui s'exposent au soleil, etc. Il n'y a que le suicide, précisément, qui semble échapper à ce verdict en le court-circuitant. Dans une société dite de tolérance qui a appris à intégrer ses marginaux, à récupérer la contestation, et même à tirer parti du terrorisme comme d'un prétexte à surdévelopper les dispositifs de contrôle, la mort volontaire apparaît comme une porte de sortie que l'État s'efforce apparemment de verrouiller par tous les moyens : en interdisant les barbituriques, en haussant les balustrades des ponts, et surtout en affectant le suicide d'un caractère infamant, morbide ou pathétique.

Modèles de déviance

Or cette stratégie va manifestement à fins contraires, puisque le taux des suicides d'adolescents, notamment, ne cesse d'augmenter. On peut se demander si cette contre-finalité ne procède pas en dernier ressort d'une résignation cynique, et même d'une logique sociale à la fois inconsciente et retorse : la multiplication des suicides, ce serait la rançon obligée d'un système de vie fondé sur la compétition scolaire, la sélection technocratique, le chômage structurel, la surprotection « thérapeutique », etc. Une stratégie sociale peut être orientée par une finalité qui ne présuppose pas obligatoirement l'intervention d'un sujet conscient. Même s'il n'y a personne pour s'en réjouir, le suicide des jeunes fonctionne objectivement comme une soupape de sécurité pour le corps social. En le diabolisant, on le désigne aux rebelles potentiels comme la voie royale du refus. Les adolescents en rupture de ban se droguent ou se suicident, et l'État se renforce !

Tel est dans ce domaine également l'effet pervers de la prohibition, qui vérifie les thèses de Georges Devereux sur la gestion sociale des interdits. Dans ses *Essais d'eth-nopsychiatrie générale*, Devereux a mis au jour l'activité d'un inconscient structurel qui entraîne chaque société à sécréter non seulement des règles de comportement, mais, en contre-dépendance de ces normes, des modèles de déviance. Autrement dit, la collectivité s'assure contre ceux qui pourraient menacer son équilibre en leur suggérant implicitement une conduite manifestement réfractaire, mais qui ne soit dangereuse que pour eux-mêmes. Effectivement, parmi les modèles de déviance de la société de consommation, il y a principalement la toxicomanie et le suicide. En dépit de la bonne foi de ceux qui animent les campagnes médiatiques de prévention, celles-ci ont un effet d'incitation : elles signalent par leur alarmisme même les actes d'autodestruction qui auront le plus de retentissement émotionnel.

Dans le contexte sécuritaire qui est le nôtre, le suicide est ainsi devenu un acte puissamment expressif, surinvesti de significations affectives, morales, fantasmatiques, etc. La réputation infamante, pathétique ou morbide qu'on lui a faite revient à le proposer à ceux qui se sentent incompris comme la dernière chance de défier, de culpabiliser ou de chagriner leur entourage. *Suicide, mode d'emploi :* bien avant l'ouvrage de Claude Guillon et Yves Le Bonniec qui a tellement défrayé la chronique, le suicide avait déjà son mode d'emploi symbolique, ressortissant à une mythologie noire, célébrant pour ainsi dire les noces d'Eros et de Thanatos — un symbolisme autrement plus engageant que les recettes techniques.

Esthétique de la disparition

Voilà qui nous offre l'occasion d'une mise au point. Notre propos n'est ni d'encourager ni de décourager le suicide, mais de l'envisager de manière qu'il en soit fait meilleur usage. Dans son aura actuelle, par un terrifiant paradoxe, le suicide apparaît comme la ressource des surnuméraires de l'espèce humaine pour administrer la preuve qu'ils existent. Je me suicide, donc je suis : version désespérée du cogito, qui trouve son ultime résonance dans les imprécations d'Antonin Artaud. « Suicidé de la société » : nous proposons d'en refaire un verbe actif, et même un verbe réfléchi, dans tous les sens du terme, c'est-à-dire libéré de ses connotations mélodramatiques. Ce n'est pas le suicide en lui-même qui est pathétique, ce seront le cas échéant les impasses sociales ou existentielles qui l'auront déterminé. S'en prendre au suicide comme tel revient à secouer le thermomètre quand la température ne nous convient pas. Ceux qui s'obstinent à empêcher les gens de mourir sont généralement ceux-là mêmes qui les ont empêchés de vivre. Ce n'est pas le suicide qu'il faut empêcher, c'est l'empêchement. Il faut apprendre à envisager la mort non plus comme un spectre mais comme une amie, ou comme une infirmière. Dès lors que nous pourrons compter sur elle pour nous venir en aide (c'est-à-dire disposer de médicaments euthanasiques), elle cessera d'empoisonner notre existence, elle nous dissuadera plutôt de l'abréger. Rendons un peu vivante la mort qui rôde dans ce crépuscule du deuxième millénaire en lui donnant les couleurs de la liberté — ou, disons, des couleurs un peu pastel, que les adolescents trouveront exquises, mais trop vieux jeu pour eux...

Vivre ne doit pas obéir à un devoir mais à une envie. Nous n'avons pas demandé à naître, et nous ne devons consentir à la vie qu'en vertu d'un contrat renouvelable de jour en jour et résiliable dans la même échéance. A pouvoir prendre congé sans pathos ni douleur, nous envisagerons l'existence avec plus de désinvolture et plus d'humour. Après tout, dans une société humaine menacée par la surpopulation et par ses propres déchets, il y a quelque élégance à s'effacer. L'art contemporain, certaines machines de Jean Tinguely notamment, nous engagent à vivre l'autodestruction comme une fête. « Nous ne sommes pas de la race de ceux qui s'incrustent », disait encore Inès de la Cruz dans *La Vida y la Nada* — qui s'achève par cette exhortation : « Apprenons à disparaître ! »...

La madone des sleepings

Singulière époque, si l'on veut bien y réfléchir, que celle où l'on s'emploie par tous les moyens, et le plus longtemps possible, à maintenir les hommes dans la forme moderne de la servitude, c'est-à-dire dans la médiocrité, l'ennui, la répétition et l'angoisse, et où on les décourage d'accomplir le seul geste qui les rendrait à eux-mêmes : le suicide. Le paradoxe est d'autant plus saisissant que c'est au nom de notre bien-être qu'une armée de fonctionnaires préposés à notre santé mentale et physique s'ingère dans nos existences, se substituant au clergé d'antan, pour nous inculquer cette morale du bonheur qui n'est, bien sûr, que l'autre face de cette résignation à laquelle personne ne veut que nous échappions.

A cet égard, ne cachons pas notre sympathie pour Ambrose Bierce, l'auteur du *Dictionnaire du Diable*. Ancien héros de la guerre de Sécession, il revendiqua le droit de choisir sa mort. La maladie et l'accident — tomber d'un escalier, par exemple — lui semblaient indignes de lui. Être passé par les armes, en revanche... « Ah, écrivait-il dans sa dernière lettre postée le 26 décembre 1913 à Chihuahua, être un gringo au Mexique, ça c'est de l'euthanasie... » Sa définition de la longévité ? « Prolongation inconfortable de la peur de la mort. »

Tout ce qu'on fait dans la vie, disait Cocteau, même l'amour, on le fait dans l'express qui roule vers la mort. Qui n'a pas compris cela n'a rien compris. Qui n'a pas ressenti cette envie irrépressible de sauter du train en marche, ne mérite même pas de vivre. Vivre, finalement, c'est choisir les moyens de disparaître qui correspondent à notre style. Sans ce choix, on patauge dans les marais insalubres de l'existence. Sans ce choix, le peintre n'est qu'un barbouilleur, l'écrivain un graphomane, le mystique un brailleur sectaire et l'homme un animal spermatique.

On peut certes comprendre la fascination qu'exercent sur certains esprits faibles ou exaltés le pathos de la mort violente, les éructations du désespoir, les insultes lancées au destin par les forcenés qui préfèrent le tapage à l'élégance d'une disparition solitaire. Avouons-le : il est des suicides qui déconsidèrent le suicide. Et ce sont précisément ceux-là que la société encourage pour mieux en marquer le caractère insoutenable, pour qu'ils figurent naturellement dans la catégorie des interdits, pour qu'ils revêtent un caractère sacré, presque tabou.

De l'inconvenance d'exister

Mais si certains suicides sont des fautes de goût, de combien d'existences ne pourrait-on en dire autant ? Il nous est d'ailleurs toujours paru étonnant qu'on juge légitime le désir de vivre et pas celui de mourir, de même qu'on trouve normale la conscription et non l'insoumission : seul l'objecteur de conscience passe devant une commission psychiatrique. Seul le suicidaire a droit à l'attention, voire au traitement, des professionnels de la santé mentale. Comme si vivre n'était pas plus aberrant que de vouloir en finir. Comme si ce désir mortifère devait être contrecarré à coups d'électrochocs, d'insulinothérapie et d'abrutissement chimique ou idéologique. Qu'il faille utiliser la coercition et l'enfermement psychiatrique pour dissuader les rebelles en dit long sur la faillite de la psychiatrie.

Mais qui croit encore à la psychiatrie ? Chargée de contrôler la déviance, elle tolère certains écarts, mais elle ne saurait admettre qu'on puisse préférer la mort à la mensongère et cruelle sollicitude de ses sbires. Proposons néanmoins à leur méditation ce mot de Cioran que les mélancoliques comprennent instinctivement et dont nous voulons croire, dans un sursaut d'optimisme, qu'il franchira les ponts-levis de la bêtise institutionnalisée : « Il n'est pas normal d'être en vie, puisque le vivant en tant que tel n'existe pas, n'est vraiment réel que s'il est menacé. La mort ne serait en somme que la cessation d'une anomalie. »

Mourir de sa propre mort

Même si la mort d'autrui nous réjouit — elle est souvent la seule manière dont nous pouvons prendre agréablement conscience de notre existence — nous n'arrivons pas à nous figurer le monde sans nous. Nous savons certes que les cimetières sont remplis de gens irremplaçables, mais ce savoir ne vaut pas pour nous : il se heurte à notre indécrottable narcissisme. Comme le notait Freud, l'inconscient ignore la mort. Aussi nous accrochons-nous à l'existence sans nous douter que l'heure de la fermeture a déjà sonné et qu'il serait bienséant de quitter les lieux avant que les videurs payés par le destin nous poussent sans ménagement vers la sortie.

En définitive, qu'est-ce que mourir ? C'est cesser de faire un certain nombre de petites choses, telles que respirer, manger, faire l'amour, se rendre à son bureau, caresser des projets extravagants ou réalistes, gagner de l'argent, prier, être malade, toutes choses dont le caractère répétitif et dérisoire, dès lors qu'on y réfléchit, saute aux yeux. Et nous voudrions être éternels, nous les mendiants de l'éphémère, les invalides du quotidien, les abonnés de l'insatisfaction... Le vieux Schopenhauer aimait dire que si l'on reprochait à l'Esprit du monde d'anéantir les individus après une courte existence, on s'entendrait répondre : « Vois-les seulement, ces individus, vois leurs vices, leurs ridicules, leurs méchancetés et leurs abominations ! Et je devrais les laisser vivre à jamais ! »

« Je veux mourir de ma mort, non de la mort des médecins », écrivit Rainer-Maria Rilke au soir de sa vie. Cette phrase devrait être gravée sur les frontispices des hôpitaux. Le plus grand scandale, c'est que personne ne proteste contre la mise sous tutelle de la mort par le corps médical. Chacun juge à peu près normal de mourir dans un hôpital quand les experts l'auront décidé. D'aucuns demandent certes aux médecins de les aider à mourir et s'en remettent à leur jugement et à leur bienveillance. Mais ils oublient ou ne veulent pas savoir que notre mort doit être le résultat d'un choix individuel. Ils oublient ou ne veulent pas savoir que ce n'est pas au médecin de disposer souverainement de leur mort et de leur concéder, très exceptionnellement, un permis de sortie, un Ausweis pour d'autres contrées qu'on veut croire, à supposer qu'elles existent, plus accueillantes que la chambre de torture qu'on vient de quitter et qu'on abandonne sans regret.

De même qu'on parle d'une naissance sans douleur, on devrait pouvoir évoquer une mort sans violence. Tout en restant résolument pessimiste, on peut estimer malgré tout que la libre disposition de la technologie pharmaceutique du suicide constituerait un progrès décisif dans l'histoire des sociétés. Enfin, il serait possible de disparaître au moment où on l'a décidé et comme on l'a décidé. Le respect d'une décision personnelle allié aux moyens de la mettre en acte donnerait à chacun une liberté nouvelle : le suicide ne serait plus un chantage, un cri de désespoir, mais une forme nouvelle et exquise de politesse, une façon de tirer sa révérence dépourvue de pathos, de toute grandiloquence, de tout défi. On prendrait congé avec une nuance de mépris de ce monde désolant.

> Va, va, va, dit l'oiseau :
> l'espèce humaine
> ne peut pas supporter
> beaucoup de réalité.
>
> T.S. ELIOT

Le capitaine des pompiers

Ouvrons ici une parenthèse et prêtons l'oreille aux confidences faites à notre ami Mrozek par le capitaine des pompiers. C'est un personnage important que ce capitaine des pompiers : non seulement il a charge d'éteindre les incendies, mais encore de sauver les personnes qui ont l'intention de se suicider. On exige de lui l'agilité d'un équilibriste et la subtilité d'un psychologue. Mais lui, le capitaine des pompiers, comment vit-il ses missions quotidiennes ? La réponse est évidente : comme un spectacle — plus ou moins réussi.

Car enfin, debout sur la corniche, le candidat au suicide l'attend. Dans la rue, la foule s'est rassemblée. Il aurait pu sauter dix fois, vingt fois avant que quelqu'un ne vienne à le remarquer. Mais non, il lui faut un attroupement. « Je monte donc sur l'échelle, explique le capitaine des pompiers, je m'approche de plus en plus de lui et je fais semblant d'attacher un immense intérêt à ce qu'il accepte de rester en vie. Après tout, je suis payé pour cela. »

Mais que pense réellement le capitaine des pompiers ? Il se dit que le vent souffle, qu'il fait froid, qu'il se fait vieux et qu'il joue ce rôle depuis trop longtemps déjà. Il se dit aussi que ce jeu est une spécialité de débiles et que les gens qui ont quelque chose dans la tête se tuent sans faire toutes ces cérémonies et pour de bon.

Maintenant qu'il est à quelques mètres de la corniche, il lui faut expliquer d'une voix bienveillante et calme à l'enquiquineur que la vie est belle et que tous nous attachons beaucoup d'importance à ce qu'il vive. Il sait que tout le monde s'en fout. Il se dit qu'un casse-pieds de moins sur terre, ce sera toujours ça de pris. Le capitaine des pompiers fait comme si la vie de l'abruti sur la corniche lui tenait à cœur et ce dernier joue à vouloir se suicider, alors qu'il ne rêve que d'attirer l'attention sur lui, d'être le héros du jour. Le ballet est si bien réglé que même les amateurs agissent comme des professionnels. Un pas en avant, un pas en arrière : lorsque l'acteur est vraiment doué d'un talent exceptionnel, ce n'est que lorsqu'il sera pratiquement en train de sauter que la troupe des pompiers, maintenant à l'affût sur le toit, l'attrapera au collet. Sur un ton amer, le capitaine des pompiers conclut : « Je me suis produit tant de fois pour ce spectacle que cela ne me fait plus ni chaud ni froid : je suis devenu complètement indifférent. »

Outre la part indécente de chantage qu'elle implique, la tentative de suicide offre un spectacle lamentable : on feint de mettre sa vie en jeu, alors qu'on n'y exhibe que sa vanité blessée, on flirte avec la mort pour soigner des blessures d'amour-propre, on met en scène avec une emphase naïve le désir le plus banal qui soit, celui d'exister aux yeux d'autrui faute d'exister pour soi-même. La tentative de suicide, c'est tout à la fois l'utopie d'une vie meilleure et l'apothéose de la sentimentalité : on y avoue qu'on n'a pas encore renoncé aux illusions de l'amour, aux duperies de l'amour-propre et aux mirages d'un avenir radieux. On conçoit qu'elle soit l'apanage de l'adolescence : à cet âge tendre, on peut lui trouver quelque excuse. Mais après ?

Les psychanalystes ventriloques

Les Suicidologues distinguent deux types de suicide : le suicide pulsionnel et le suicide rationnel. Les premiers sont de l'ordre du passage à l'acte psychotique, tout comme certains crimes passionnels ou certaines actions héroïques. On peut les réprouver ou les admirer, mais on ne peut leur dénier la funeste beauté du délire ; l'homme, à travers une violence sacrée, se délivre de l'homme en se livrant à son « daimon », comme disait Socrate, ou à ses démons, comme disent les chrétiens. «Quelque chose de plus fort que moi s'est emparé de moi... » : ce pourrait être le leitmotiv de toutes les tragédies. Souvent, elles s'achèvent en farce. Et il n'est pas certain que l'homme de la modernité ait encore en lui assez de ressource, assez de force, pour les vivre ; il semble condamné au mélodrame : on ne se suicide plus par excès, mais par déficit. Et les crimes crapuleux se substituent aux sacrifices de la passion.

Alors les psychanalystes entrent en scène et nous donnent leur interprétation du suicide pulsionnel : ils nous expliquent qu'il peut être une forme de vengeance, de chantage, d'autochâtiment, voire un substitut de meurtre, par un mécanisme d'identification avec la victime. Il existe d'ailleurs une relation inverse entre meurtres et suicides : dans les pays où les meurtres sont fréquents, les suicides sont rares — et inversement. D'où la thèse simpliste selon laquelle on ne se tuerait jamais que par impuissance à tuer autrui.

Un de nos professeurs de psychiatrie aimait à nous raconter le cas spectaculaire d'un homosexuel refoulé qui, n'ayant jamais cédé à ses penchants, finit par se jeter sous une locomotive, monstrueux symbole phallique. Ou encore celui de cet homme qui accusait sans cesse sa mère de vouloir l'empoisonner... nul ne fut surpris qu'il mît fin à ses jours par le poison. Les pendaisons, nous disait ce cher professeur, ont souvent une relation avec des frustrations sexuelles et se jeter par la fenêtre peut, assez paradoxalement, traduire un désir de grandir (ici, sourire goguenard des étudiants). Quant au cas, qu'il trouvait pathétique, des personnes menaçant d'enjamber le parapet d'un pont ou d'un gratte-ciel pour attirer l'attention du public, il les décrivait comme des êtres fragiles incapables de parvenir à franchir le fossé qui les sépare des autres ou à traverser le pont qui devrait les conduire à la maturité.

De ces interprétations d'un symbolisme un peu primaire — mais après tout il en est de la psychanalyse comme de l'art, c'est une affaire d'esthétique, et contre le mauvais goût, on ne peut rien — une seule conclusion s'imposait : tous ces malheureux, victimes de leur enfance et de leurs conflits refoulés, s'étaient trompés de porte : ce n'est pas celle ouvrant sur le néant qu'ils auraient dû ouvrir, mais celle du cabinet d'un de ces bienveillants docteurs de l'âme qui aurait eu à cœur de les réconcilier avec eux-mêmes et avec la vie. Comme si l'on pouvait jamais guérir du malheur d'être né... Mais après tout, pourquoi pas ? Les fictions consolatrices anesthésient la conscience et aident à supporter l'existence : en vertu de quel principe s'en priverait-on ? La lâcheté aussi fait partie des droits inaliénables de l'homme. Et puis, même si ce n'est pas certain, il est probable que parfois un psychanalyste permet à un de ses patients de se suicider pour de bonnes raisons plutôt que pour de mauvaises... encore que toutes les raisons soient bonnes ; disons donc plutôt qu'il l'aura aidé à passer du suicide pulsionnel au suicide rationnel.

« Il faut acquérir soit la raison, soit une corde pour se pendre », disait le stoïcien Antisthène. Il serait plus judicieux de dire qu'il faut acquérir et la raison et la corde pour se pendre. La conscience de notre propre mort est le signe qu'on a acquis la raison. Mais comme cette conscience ne peut pas rester en lévitation dans le ciel des idées, la raison nous commande de nous tenir prêts à quitter les lieux sans regrets, sans remords et sans masochisme excessif, dès lors que la somme des souffrances l'emportera sur celle des plaisirs. La raison nous commande tout à la fois de nous rassasier de toutes les voluptés (il serait absurde de quitter amer ou aigri le banquet de la vie) et d'avoir constamment à notre disposition la pilule de la démission.

Paradoxalement, le premier objectif est plus facile à atteindre que le second. Sans doute parce qu'une pression s'exerce de tous côtés pour nous faire croire que la vie est quelque chose d'unique et de désirable, de merveilleux et de chatoyant (nous apprenons vite, et souvent à nos dépens, qu'elle est insipide, brutale et vaine), alors que le suicide serait pire qu'une impolitesse : un manquement aux devoirs sacrés qu'implique notre présence ici-bas. Nombreux sont ceux qui pensent encore avec Rousseau que « le suicide est une mort fautive et honteuse ; c'est un vol fait au genre humain », et rares sont ceux qui osent affirmer avec Montaigne ou Schopenhauer qu'il convient de se moquer de la prétention affichée par la collectivité de nous retenir malgré nous pour l'accomplissement d'on ne sait quel devoir social.

POUR CONCLURE

Rien de plus surprenant que notre inconscience face à la mort. Nous choisissons avec la plus grande prévoyance nos lieux de villégiature et nous faisons preuve d'une insouciance sidérante dès lors qu'il s'agit de quitter la vie. Certes, comme l'écrit Sénèque dans ses *Lettres à Lucilius,* quand on a du courage, on ne manque pas d'idées pour mourir, mais la raison nous prescrit de le faire, si possible, sans douleur.

Cette possibilité existe aujourd'hui dans les faits. Elle pourrait, elle devrait être à la portée de chacun. Personne cependant ne s'en soucie. Les politiciens, des plus réactionnaires aux plus révolutionnaires, les professeurs de sagesse, des plus moralisateurs aux plus libertaires, les hommes d'Église, des plus tolérants aux plus sectaires, tous continuent, sur des partitions différentes, à fredonner la même rengaine, prêchant à chacun de contribuer à changer la vie, à rendre plus harmonieux et plus justes les rapports humains... sans admettre, car ce serait le sacrilège suprême, que l'homme peut être dégoûté de lui-même ou accablé par l'infortune au point de préférer la mort à la vie. Et cette mort que la raison lui commande, et qui pourrait être non pas une ultime agression, mais une réconciliation avec lui-même, on la lui refuse. Il lui faut se jeter sous les rames du métro ou se pendre ou se défenestrer ou s'empoisonner — avec l'effroi qu'engendrent ces expédients d'un autre âge et les risques d'insuccès qu'ils comportent —, alors que la compassion et la fraternité voudraient qu'on accorde, au sage comme au désespéré — il y a parfois beaucoup de désespoir au fond de la sagesse et de sagesse dans le désespoir —, ce cocktail létal qui nous procurera enfin l'oubli.

Aider les hommes à vivre ? Cela ne doit pas signifier les obliger à se cramponner au radeau sous prétexte que d'autres refusent de lâcher prise. Cette mainmise sur l'ultime liberté que détient l'homme a un nom : c'est, selon qu'elle s'applique à la société ou à l'individu, de l'escroquerie morale ou un encouragement à l'automystification. Aider les hommes à mourir ? Leur donner les moyens de quitter, à leur gré et sans souffrance, ce monde ? Personne n'y songe. En promettant des châtiments dans l'au-delà, en condamnant tout candidat au suicide à la torture morale et physique, nous nous employons à rendre infernale la vision de ce passage vers d'autres rives auquel pourtant nul n'échappera. Qu'on y réfléchisse sereinement : est-ce vraiment faire preuve de déraison que de vouloir que ce passage se déroule dans des conditions acceptables ? Ne serait-ce pas pour chacun de nous un réconfort et un secours sans pareils que de savoir que, sur cette terre, le pire peut nous être épargné au moment de la quitter ? Poser la question, c'est y répondre. D'où vient que cette réponse demeure sans écho ? Peut-être le plus suicidaire n'est-il pas celui qu'on croit.

Interrogé sur les récents événements qui ont agité la planète (guerre du Golfe, désintégration du bloc communiste, renaissance des nationalismes, instauration d'un nouvel ordre mondial, etc.), Claude Lévi-Strauss a considéré qu'il ne s'agissait là que de broutilles en regard du péril qui menace à brève échéance l'espèce humaine : la surpopulation. Or la science, décidément sans conscience, mobilise aujourd'hui les savants les plus éminents et la technologie la plus sophistiquée pour développer la procréation artificielle. Génétique microcellulaire, clonage, banques de sperme, bébés-éprouvettes, mères porteuses, enfants-bulles, etc. : la technoscience prend le relais d'une sexualité défaillante — mais en cela peut-être plus adaptée ou plus consciente qu'on ne croirait... Quant au tiers monde, qui n'est pas encore prêt à pratiquer cette forme de bouturage humain, nous lui déléguons l'inlassable Mère Teresa pour prêcher la bonne parole, c'est-à-dire stigmatiser la contraception. Bref, tous les moyens paraissent mis en œuvre pour aggraver une catastrophe sur laquelle, au demeurant, l'information, ou plutôt la contre-information, fait le black-out.

Peut-être l'anathème qui pèse encore sur la mort volontaire, paradoxal dans ce contexte d'autodestruction de l'espèce humaine, s'explique-t-il justement par l'intolérance à toute initiative individuelle qui préviendrait la fatalité collective. Nous sommes un peu dans la situation de ces condamnés à mort qui ont fait une tentative de suicide et qu'on réanime tant bien que mal pour qu'ils ne se soustraient pas à la mort imposée. C'est ce qui explique pareillement qu'on nobélise les technocrates d'une procréation proprement suicidaire, alors qu'on traîne le Dr Jack Kevorkian devant les tribunaux. Si les générations futures nous reconnaissent malgré tout un reste de dignité, puisse la « machine à se suicider » aux trois flacons être conservée dans quelque musée pour en rendre témoignage.

TABLE